中国远程教育研究丛书

我国高等远程教育 质量保证标准研究

沈欣忆　陈丽　郑勤华／著

北京师范大学出版集团
BEIJING NORMAL UNIVERSITY PUBLISHING GROUP
北京师范大学出版社

序　言

自 1999 年我国开展现代远程教育试点工程以来，高等远程教育迅速发展，加快了中国高等教育大众化进程。然而，高等远程教育的质量受到社会的质疑，《人民日报》头条出现了批判远程教育的文章，指其论文可抄、考试可免，拿文凭容易；社会地位低，经费投入少；生师比悬殊难保教学质量，含金量低。政府和办学机构为提升高等远程教育质量做了诸多努力，教育部陆续出台了有关网络教育学院、公共服务体系及学习中心的审批及管理、招生及就业、证书及电子注册、统考、年报年检、评估和教学规范等政策文件 80 多个，建立了网络教育的信息化质量监管平台和机制；办学机构在远程教育的各个环节如学生管理、教师管理、考试管理及其他各方面积极制订相应的规章制度，以保证网络教学有章可循，实现对网络教育的科学、规范管理，保证网络教育的质量，部分办学机构还尝试引入 ISO9000 质量认证体系规范远程教育的质量管理。但是，政府和办学机构的这些措施并没有实质性解决质量水平和质量声誉问题。究其原因，政府和机构做的工作停留在质量管理层面，较为零散、不成体系，没有真正落实到质量保证工作中。质量保证是提高高等远程教育质量、改变社会对高等远程教育偏见的关键，建立高等远程教育质量保证体系迫在眉睫。2014 年年初《国务院关于取消和下放一批行政审批项目的决定》[①]取消利用互联网实施远程高等学历教育的教育网校审批，进一步增进了建立高等远程教育质量保证体系的迫切性。

在高等远程教育质量保证体系中，有一个重要且基础性的工作，即

---

① 中华人民共和国人民政府. 国务院关于取消和下放一批行政审批项目的决定[EB/OL]. http：//www. gov. cn/zwgk/2013—12/10/content _ 2545569. htm，2014-12-31.

建立统一的、权威的高等远程教育质量保证标准。构建统一的标准，一方面可以规范办学机构行为，使机构有法可依、有理可循，是促进其教育质量不断提升的客观需要；另一方面，规范评估工作，让公众了解远程教育的运行机制和流程，改变民众对远程教育的偏见，这是提升质量声誉的关键。

本研究依托北京市教育规划课题"我国高等远程教育质量保证模式及标准的研究"(CIA12120)，旨在通过文献综述、实证研究、专家访谈等研究方法，基于中国高等远程教育的实践现状，融合远程教育各个利益相关者的观点，研究构建中国高等远程教育质量保证标准。

研究的第一阶段，主要任务是制定高等远程教育质量保证框架和标准草案。在这一阶段，通过文献梳理了四部分内容：(1)远程教育质量保证基本概念和内涵；(2)中国远程教育发展中的问题及薄弱环节；(3)远程教育的基本规律和远程教育的基本工作环节；(4)标准构建参考资料，包括质量保证要素研究的文献、中国其他高等教育形式评估标准、机构层面质量保证模式和标准、国家或者协会的远程教育质量保证标准。基于以上四部分，形成了高等远程教育质量保证框架和标准草案。

研究的第二阶段，邀请国内外专家多次修订高等远程教育质量保证标准草案，形成高等远程教育质量保证标准初稿。第一轮邀请了北京师范大学的六位远程教育领域的专家；第二轮邀请了美国印第安纳大学布卢明顿校区教育学院的两位教授；第三轮邀请了十三位专家，专家来自普通高校网络教育学院、开放大学，以及教育行政部门(教育部职成司远程与继续教育处)和远程教育行业组织(全国高校现代远程教育协作组)等机构。通过三轮的专家修订，形成高等远程教育质量保证标准初稿。

研究的第三阶段，在标准初稿的基础上形成问卷，调查远程教育各个利益相关者对质量保证标准重要性的判断。本调查研究采用分层随机抽样方法，按六大区域(华北、东北、华东、中南、西南、西北)和两类机构(电大和网院)进行随机分层抽样，每个地区抽取其中1/4的电大和网院。对于网院，华北地区抽取5所，东北地区抽取2所，华东地区抽取4所，中南地区抽取3所，西南地区抽取2所，西北地区抽取1所；对于电大，华北地区抽取1所，东北地区抽取2所，华东地区抽取2所，中南地区抽取 2 所，西南地区抽取 1 所，西北地区抽取 1 所。总共抽取 26 个网络教育机构，每个机构选取大约 120 人学生和 50 人教职工。在该阶段，和调查研究并进的一个研究步骤是通过专家排序法得到不同角色在各个要素上的权重，结合调查得到的各个角色对标准重要性的打分，得到每条标准项的加权平均值，为标准修订提供依据。

研究的第四阶段，统计分析，修订标准初稿，形成高等远程教育质量保证标准终稿。问卷通过纸质问卷和网络问卷两种形式发放，网络问卷回收的有效问卷为 2076 份，纸质问卷回收的有效问卷为 2172 份。问卷数据分析的主要目的是修订标准，根据因素分析和加权平均值决定标准项的去留；另外，根据调查数据得到各个标签人群(不同角色、不同地域、不同机构、不同人口学特征)对标准项和要素的排序，可为标准在具体环境下的制定或使用提供参考和依据，成为标准定制应用的参考工具。

本研究的主要成果有三个，分别为高等远程教育质量保证标准框架、高等远程教育质量保证标准和标准定制应用的参考工具。高等远程教育质量保证标准框架即为高等远程教育质量关键环节，由 11 个要素组成，该框架推进了高等远程教育领域的理论研究；高等远程教育质量保证标准由 11 个要素和 53 个标准项组成，标准是质量保证体系构建的基础，是解决高等远程教育质量声誉的关键，并为远程教育实践提供指导；标准定制应用的参考工具，可为标准的实际应用或进一步指标的制定提供参考和依据。

本研究的顺利完成离不开很多人的鼓励和帮助。感谢参与本研究调研的所有网院、电大和开放大学，感谢所有给予本研究大力支持的国内外专家。尤其感谢陈丽教授，陈教授在研究设计的时候给了研究者很大的启发和指导，在研究开展过程中提供了多方人力、物力的支持，在书稿撰写的时候提出了很多宝贵的意见和建议，给予了本研究极大的支持和帮助。

2016.5.31

目 录

表 目 录

图 目 录

第一章
中国高等远程教育质量保证的现状与反思

第一节　中国高等远程教育质量声誉现状

自 1999 年我国开展现代远程教育试点工程以来，网络教育在我国快速发展。教育部网络教育的统计数据表明，2013 年，网络本专科生毕业人数为 1299253 人，招生人数为 1871519 人，在校生人数为 4924833 人[①]，占高等教育总人数的六分之一，网络教育已经成为中国高等教育的重要组成部分。与此同时，教育部在 2010 年公布的《国家中长期教育改革和发展规划纲要（2010—2020 年）》中明确提出要"构建灵活开放的终身教育体系。……大力发展现代远程教育，建设以卫星、电视和互联网等为载体的远程开放继续教育及公共服务平台，为学习者提供方便、灵活、个性化的学习条件[②]"。由此可见，远程教育在我国高等教育体系中占有一席之地，且仍将继续发展，为我国高等教育大众化和学习型社会建设做出重要贡献。

远程教育大力发展的这十几年中，也遇到了一些问题，尤其是质量水平和质量声誉问题。社会上很多人都认为远程教育"低质量，低声

---

① 中国教育部．2013 年教育数据统计 [EB/OL]. http：//www. moe. edu. cn/publicfiles/business/htmlfiles/moe/s7255/201303/149845. htm, 2014-12-31.

② 中国网．国家中长期教育改革和发展规划纲要（2010—2020 年）[EB/OL]. http：//www. china. com. cn/policy/txt/2010-03/01/content _ 19492625 _ 3. htm, 2015-1-12.

誉"，很多用人单位也纷纷表示更愿意接受普通高校的毕业生而不是远程教育毕业的学生。2013年《人民日报》头条出现了远程教育的批判文章，指其论文可抄考试可免，拿文凭容易；社会地位低，经费投入少；生师比悬殊难保教学质量，含金量低①。远程教育质量的社会声誉对远程教育系统的发展产生了巨大的影响，如何提升远程教育质量和质量声誉是整个远程教育系统亟须解决的问题。

第二节　中国高等远程教育质量管理国家政策分析

为了提升质量、解决质量声誉问题，政府颁布了很多关于远程教育质量管理的政策文件，从1999年至今共80多条政策。

一、质量管理萌芽期（1999—2001年）

1999年，教育部在下发的文件《关于印发〈关于启动现代远程教育第一批普通高校试点工作的几点意见〉的通知》（教电〔1999〕1号）中，对试点的目的、任务、条件、审批、政策和检查评估进行了初步规定；在《教育部关于成立教育部现代远程教育资源建设委员会和教育部现代远程教育资源建设专家组的通知》（教高〔1999〕6号）中，提出要大力推动现代远程教育资源建设，确保资源建设质量。同年，教育部首批批

① 人民网．远程学历教育竟如此注水［DB/OL］．http：//cpc.people.com.cn/n/2013/0502/c83083-21337402.html，2014-12-21.

准清华大学等 4 所普通高校开展试点，标志我国现代远程教育工程的正式启动①。"中央广播电视大学人才培养模式改革和开放教育试点"项目也在 1999 年启动。

2000 年教育部办公厅发布《关于支持若干所高等学校建设网络教育学院开展现代远程教育试点工作的几点意见》（教高厅〔2000〕10 号），该文件可谓是我国高校现代远程教育试点工作的纲领性文件，文件阐明了试点工作的主要任务、试点学校的基本条件、试点工作的管理方式等，它是国家教育行政部门在试点工作开展之初对我国现代远程教育发展的指导性文件，同时对现代远程教育基本办学质量提出了概括性要求。2000 年教育部为了加强网络课程建设，颁布了《关于实施新世纪网络课程建设工程的通知》（教高司〔2000〕29 号）。同年，教育部批准了北京大学、北京师范大学、中国人民大学、北京中医药大学、上海交通大学等二十六所高校开展远程教育试点工作。

2001 年，教育部为了加强学生学籍管理、学生注册和学位证书的管理，相继颁布了《教育部关于印发〈高等教育学历证书电子注册管理暂行规定〉的通知》（教学〔2001〕4 号）、《教育部关于重申保证高等教育质量，加强学历文凭、学位证书管理的通知》（教学〔2001〕6 号）、《关于印发〈"高等教育学历证书电子注册管理暂行规定"实施细则〉的通知》（教学司〔2001〕80 号）等系列文件。同年，批复了华东师范大学、哈尔滨工业大学、中国农业大学等十四所高校开展试点工作。

1999 年至 2001 年这三年之间，政策更多的是倾向于资源的建设、课程的建设，也出台了一些针对学生的基本管理制度，如学生学籍管理、学生注册和学位证书的管理。

二、质量管理发展期（2002—2004 年）

2002 年，远程教育体系内部出现了一些丑闻，比如湖南大学网络学院的超指标招生、广州财校集体考试作弊的行为、浙江丽水考场撕考卷的现象，导致了整个社会对远程教育的失望，从而致使远程教育的声誉

---

① 张饶学．（2008）．中国大学现代远程教育［M］．北京：中央广播电视大学出版社．

一落千丈。教育部意识到了远程教育文凭作坊式的现象，出台教高
[2002] 8 号文件《教育部关于加强高校网络教育学院管理提高教学质量
的若干意见》，要求高校网络教育学院要以在职人员的继续教育为主，减
少并停止招收全日制高中起点普通本专科网络教育学生，并对网络学历
教育的对象和范围进行了严格限定，要求在网络学历文凭上加盖"网络
教育"字样[1]。这一文件的出台示意着高校现代远程教育由规模扩张转向
了加强监管的新阶段。该文件旗帜鲜明地提出了要采取切实有效的措施，
提高网络教育学院的教学质量，对招生、教学、考试等主要环节做出了
明确规定，并首次阐明实行年报年检制度，作为现代远程教育办学质量
监管的一项措施。该文件可以视作中国现代远程教育的第一份规范性文
件，拉开了现代远程教育办学监管的序幕。这一年，远程教育从数量上
的增加转向为质量上的把控，应该说 2002 年是远程教育发展中的一个转
折点[2]。

2003 年，教育部为了加强现代远程教育办学质量监控，促进现代远
程教育健康发展，正式发文开展年报年检。在随《教育部办公厅关于对
现代远程教育试点学校网络教育学院开展年报年检工作的通知（教高厅
函 [2003] 1 号）》一同下发的《2002 年度现代远程教育试点学校网络教
育学院自查要点》中，将网络教育学院的办学定位、招生、考试、教学、
资源、校外学习中心、学习支持服务等纳入检查范围，引导试点高校注
重这些办学关键环节的质量监控。从某种程度上讲，这是中国现代远程
教育质量保证标准体系的初级形态，虽然它只是在引导办学机构注重这
些关键环节，而并没有形成清晰的标准，但从实践效果来看，它的确起
到了引导办学机构注重关键环节办学质量的作用。而随着年报年检制度
的逐步成熟，它在引导远程教育办学机构注重办学质量、规范办学行为
方面的作用也越来越明显。经过十余年的发展，年报年检制度已经成为
中国现代远程教育一项较为成熟的质量监管措施。同年，教育部批准了

---

① 郭文革．(2009)．认知推动的政策变迁——1998—2007 中国现代远程教育政策变迁的
反思 [J]．北京广播电视大学学报，(2)：5—9．

② 徐世浩，林辉．(2006)．网络教育质量保证研究综述 [J]．现代远距离教育，(1)：
16—18．

奥鹏远程教育公共服务体系的试点项目。

2004 年，教育部办公厅下发《关于对现代远程教育试点高校网络教育学生部分公共课实行全国统一考试的通知》（教高厅〔2004〕2 号），对统考对象与组织实施进行了初步规定；同年 11 月，教育部发布《关于开展现代远程教育试点高校网络教育部分公共基础课全国统一考试试点工作的实施意见》（教高〔2004〕5 号），对统考的组织实施进行了详细规定，标志我国现代远程教育"宽进严出"新型招生和人才培养模式的基本建立。

从 2002 年至 2004 年，教育部集中颁布了各种质量管理的政策文件，主要政策包括年报年检和统考制度。

三、质量管理稳定期（2005—2013 年）

2005 年和 2006 年，教育部开始处理违规办校问题，发布《教育部关于部分现代远程教育试点高校违规办学问题的通报》，同时出台政策做好招生工作。另外，统考、年报年检的工作进一步落实，《试点高校网络教育部分公共基础课统一考试试点工作管理办法》（网考委〔2005〕1 号）、《教育部关于做好现代远程教育试点高校网络教育部分公共基础课全国统一考试工作的通知》（教高函〔2006〕17 号）、《财政部国家发展改革委关于同意设立试点高校网络教育部分公共基础课全国统一考试收费项目等有关问题的通知》（财综〔2006〕4 号）等相继下发。2006 年，颁布了《关于做好现代远程教育教学质量网络化评估系统应用试点工作的通知》，网络教育的质量评估电子化工作得以开展[①]。

2007 年教育部批准了弘成远程教育公共服务体系和知金远程教育公共服务体系的试点项目，这是继 2003 年奥鹏之后的又一次对公共服务体系的关注。同年，启动网络教育国家级精品课程评审，其建设评审标准在一定程度上起到了引领的作用，引导了资源建设的发展方向，通过精品课程和精品资源共享课的建设提升了我国现代远程教育课程资源建设的整体水平。

---

① 沈欣忆，林世员，陈丽．（2014）．中国现代远程教育政策编码和分析［J］．现代远程教育研究，（5）：62—70.

2008 年到 2013 年之间，教育部继续抓好招生、学籍管理、统考、年报年检、精品课建设的工作，政策中没有新的措施。

四、质量保证探索期（2014— ）

2014 年，远程教育办学机构审批权取消，这是政府对远程教育领域的又一大举措，人们再一次把目光聚焦到远程教育，如何在没有审批的环境下提升质量水平和质量声誉，给远程教育提出了新的挑战，探索适合中国远程教育的质量保证体系显得更为迫切。

从 1999 年到现今，政策发展路径可以分为四大阶段（如图 1-1 所示）。①第一阶段是质量管理萌芽期（1999—2001 年）。该阶段重视资源建设、课程建设以及一些基本制度的建设，包括学生注册、学籍管理和学位证书问题。该阶段有一个非常重要的政策即教高厅［2000］10 号文件，为远程教育的发展指明了方向。②第二阶段是质量管理发展期（2002—2004 年）。该阶段提出了针对质量问题的两个应对方案，分别是年报年检和统考。另外，在该阶段有一个重要的政策教高厅［2002］8 号文件，提出了高校网络教育学院要以在职人员的继续教育为主，减少并停止招收全日制高中起点普通本专科网络教育学生。③第三阶段是质量管理稳定期（2005—2013 年）。该阶段进一步落实了统考、年报年检、招生和学籍管理政策，没有新的质量管理举措。该阶段让人最为关注的是成立了弘成、知金之类的公共服务体系，为远程教育试点高校提供了一个统一的、规范的远程教育公共服务体系，提供社会化的校外支持服务，建立规范的校外教学站点，加强招生、教学过程和考试的管理、监控和服务，促进网络教育资源优化、整合、共享和综合利用，促进教学质量的全面提升。④质量保证探索期（2014— ）。该阶段取消了对远程教育办学机构的审批权。远程教育将不再是一个垄断行业，越来越多的高校、企业以及其他教育机构会入驻这个领域，市场化的运行模式会给原先的试点高校带来巨大冲击，这个时候质量保证也不再是一个需要关注的点，而是一个必须达到的点。

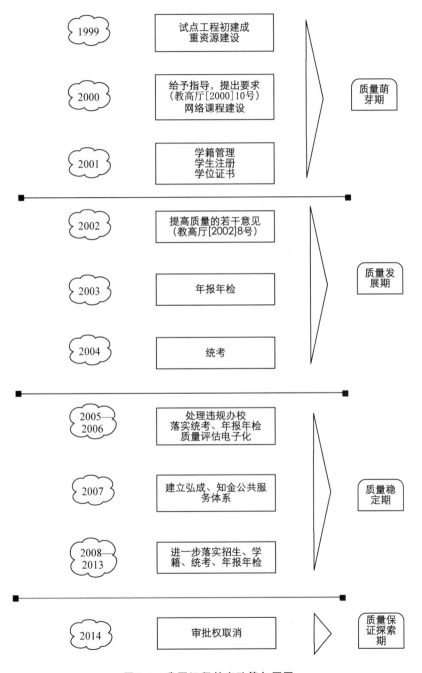

图 1-1 我国远程教育政策年历图

第三节　中国高等远程教育质量保证的实践探索

通过以往政策分析可以看出，我国高等远程教育质量保证的主要措施有两个部分，一是前期的认证，二是过程中的质量管理。

一、认证管理

1. 对网络学院院校的审批

中国教育部负责网络教育办学机构的审批工作，1999 至 2003 年期间，教育部分期、分批批准了 68 所普通高校开展现代远程教育试点工作；2003 年以后，教育部没有再新审批试点学校。

在教育部高教司发布的《关于 2001 年度审批现代远程教育试点高校的通知》中，审批程序共包括提出申请、准备答辩、专家评审和批准试点等四步。首先由试点高校提出申请，申请报告的内容与要求包括办学思想、组织管理、办学模式、教学模式、专业设置、教学队伍、校外学习中心（点）、网上教学资源、技术条件、全面质量管理和效益分析等 11个方面的内容。准备详尽的申请报告提交给教育部高等教育司远程与继续教育处，该处接受申请报告之后，组织评审会议。专家审阅申请报告，并参与评审会议，申请试点高校在评审会议上陈述并答辩，专家提出评审意见。远程与继续教育处结合专家评审意见给出结论是否批准试点，整个评审过程会产生两个纸质成果，一个是申请报告，一个是专家评审意见（如图 1-2 所示）。

2. 对电大下属分校的审批

中央广播电视大学也由教育部直接管理，以开放教育试点项目的形式开展试点工作，自成体系，其下设各级电大的人、财、物则由当地教育主管部门管理，经当地教育行政部门批准后，中央电大负责对申请参与试点的省级电大进行初评，组织专家组进行实地考察并报教育部正式批准。其对应关系就是，中央电大由教育部直接管理，省级电大由省教委管理，地市级电大由地市教委管理，县级工作站由县教委管理，而中央电大与各级电大之间的管理体制由单纯的教学行政指导关系逐步变为

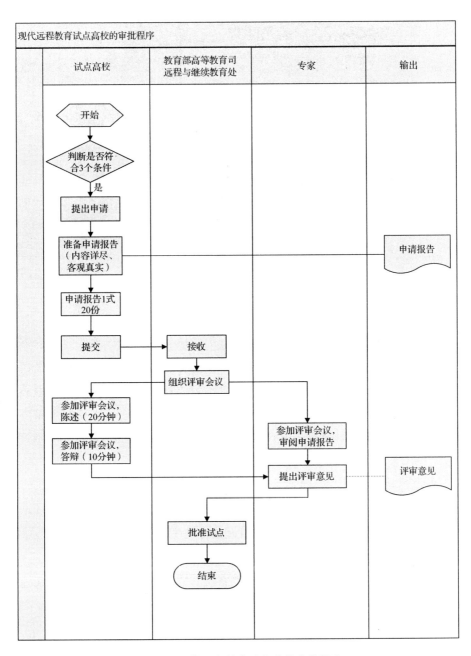

图 1-2　现代远程教育试点高校审批程序

以协议为纽带的分工、合作、责任分担的教学指导关系（如图1-3所示）。

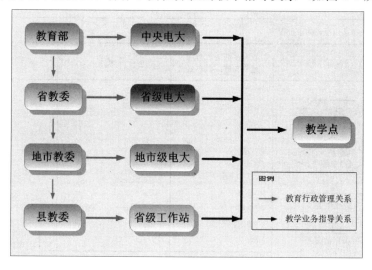

图 1-3　广播电视大学系统

3. 对学习中心的管理

目前，网络教育的校外学习中心由所在地省级教育行政部门负责审批，由网络学院向学习中心所在地的省级教育行政部门提出申请，报送资质证明、在该地区实施网络教育的方案和委托协议，拟设立学习中心的概况、管理方式、学习支持服务方式、学习支持队伍和信息安全保障措施，条件、设施、资金等文件资料，由省级教育行政部门审批。

二、质量管理

统考制度、年报年检制度以及第三方机构辅助办学机构提高质量这三者共同组成了我国远程教育质量管理部分的主体。

1. 统考制度

"统考"是指教育部对现代远程教育试点高校网络教育部分公共基础课实施的全国统一考试，即对我国网络高等学历教育部分公共基础课的全国统一测试。我国教育部从2005年开始实施了大学语文、高等数学、大学英语、计算机应用基础等网络教育部分公共基础课全国统一考试，统考实行全国统一大纲、统一试题、统一标准。对象为本科层次（高起本、专升本）学历教育学生。统考考试形式为机考，即在电脑上作答。整个考试过程由教育部委托网考办来组织实施，由课题专家组制定考试大纲和命制考题，试点高校则是需要进行政策宣传、报名动员、免考审查、考风考纪说明等，相关技术单位开发考试系统，并辅助机考服务，考务单位负责考点管理、监考、考务培训等，考区办则进行阅卷并负责相关考后服务（如图 1-4 所示）。目前，网络教育全国统考已累计报考400 多万人次，250 多万人次参加大学英语和计算机应用基础的网上机考。

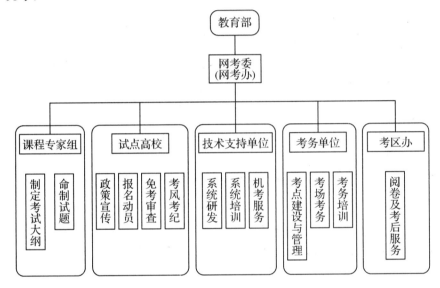

图 1-4　高校网络教育统考的组织管理与技术服务体系

2. 年报年检制度

为加强现代远程教育试点项目的教学过程管理与监控，及时了解和掌握试点工作的状态，有针对性地改进教学过程中存在的不足，促进试点项目健康稳定地发展，教育部从 2001 年启动年报年检制度，对普通高校网院、中央电大开放教育试点项目及公共服务体系，实施包括学校自检、年报、抽查和年检等 4 个关键步骤在内的监管。各个机构按照《实施办法》、《现代远程教育试点高校网络教育年度工作自检要点》和《中央电大公共服务体系年度工作自检要点》的要求，开展自检工作，自查要点包括学校对网络教育的定位、管理体制和办学条件，招生管理，考试管理，教学与教学管理，教学资源的建设与共享，学习支持服务，校外学习中心的管理，毕业资格审定及学位授予情况，非学历教育办学情况，面向西部和农村的办学及其他教育服务情况以及办学特色与改革创新这 11 项。学校填报《现代远程教育试点高校网络教育基本情况年度统计表》和《中央电大公共服务体系基本情况年度统计表》，撰写年度工作自检报告，并提交年度教学质量报告和学校近年来改革创新工作进展情况报告。教育部将根据各校提交的报告编印年度网络教育与开放教育质量报告。除此之外，各省级教育行政部门要按照《教育部办公厅关于印发〈现代远程教育校外学习中心（点）暂行管理办法〉的通知》（教高厅〔2003〕2 号）的要求，检查评估属地现代远程教育校外学习中心。通过高校网络教育质量监管系统上报校外学习中心检查评估报告及结果统计表。

从 2003 年开始，教育部设计开发了网上年报年检系统，采用信息化手段开展年报年检工作，实现年报年检的网上申报、自动统计分析和网上评审。年报年检系统分为信息查询、信息交流、数据统计、数据录入、质量评审、系统管理和系统帮助七个部分，其中数据录入和质量评审是较为核心的两个功能。数据录入包括网院信息，学生招生，专业、课程和资源，教学机构，教师、教学和评价；质量评审包括年检指标，任务分配，质量评审，结果统计和结果发布。

3. 第三方机构辅助办学机构提高质量

2000 年 7 月 17 日在北京成立了全国高等学校现代远程教育协作组，协作组由参与现代远程教育试点工作高校的主管校长、教学负责人和技术负责人组成，协作高校成员涵盖了教育部批准进行远程教育试点院校，协作组机构挂靠在清华大学。中国远程教育协作组的职责主要是：组织学术交流活动、参与远程教育试点评估、组织对外交流与合作，以及开展远程教育机构专业化系统培训。旨在促进我国各高校交流开展远程教育的经验，共同解决远程教育中遇到的问题，推动我国远程教育事业的发展。

除此之外，多数网院都建立了教学督导制，定期组织教学检查，召开校外学习中心工作会，对教学过程进行评估和监控。一些网院还加强自律，建立了内部质量保证体系，如北京大学医学网络教育学院、东北财经大学网络教育学院、中国石油大学（华东）远程与继续教育学院、中国石油大学（北京）远程教育学院等网院通过了ISO90001质量管理体系认证。

第二章 远程教育质量保证的基本原理

第一节 中国高等远程教育的质量观及分析

远程教育的质量观是参与远程教育的主体对远程教育质量价值的选择以及质量功效实现程度的判断。质量需要满足需求，即质量要满足远程教育各个利益相关者的需求。远程教育不是一个独立的封闭的系统，是社会的一部分，远程教育的学生从社会而来，输入社会，其人才的培养需要考虑社会、政治、经济各方面的发展需要，更需要考虑学生自身发展的需求，同时也要保证远程教育实施机构本身的发展和生存的需求。而如何去满足这些利益相关者的需求，是远程教育所要解决的问题。在前期的课程设置和课程设计中考虑社会需求、考虑学习者需求；学习过程满足学生个性化学习的需求，充分考虑远程学习工学矛盾等特点；在后期的评价评估过程，不仅对学习者评价，也充分考虑学习者的权益，评价教师及机构，帮助机构和教师成长，除此之外，注重学生毕业后的雇主调查，以此调整策略、改进教学[1]。

远程教育质量关系远程教育的方方面面，目前远程教育领域出现了各种各样的质量观。清华大学谢维和教授就远程教育质量观阐述了三条基本原则，一要符合高等教育质量观的基本要求，满足知识、能力和素

---

[1] 李平，郭慧珍，张小可．（2000）．现代远程教育专家访谈 教学与管理篇［J］．中国远程教育，（10）：6—12.

质的基本指标；二是远程教育质量观要适应现代社会的要求，并能够随着社会的快速发展做出相应的改变；三是远程教育质量观要和终身教育质量观同一[①]。华东师范大学祝智庭教授认为，网络远程教育质量是网络远程教育系统满足学习者个体和社会需求的程度[②]。总的来说有六大质量观，①从学生角度出发，只要学习者进步了，就是具有好的质量，即增值性质量观；②从培养目标出发，认为只要学习者达到了预期的目标，就是有质量的教学，即目标性质量观；③从社会效益出发，只要学生能够满足社会或市场的需求，就说明教育具有质量，即市场化质量观；④从服务过程出发，认为过程达到标准是质量的体现，即标准性质量观；⑤认为远程教育需要跟传统教育区分，生源不同，培养目标也不同，其质量标准也需区别对待，即分立性质量观；⑥认为远程教育和传统教育只是教育形式的不同，其目的是一致的，且都是高等教育的组成部分，应采用同一性质量观。

一、增值性质量观

美国学者埃斯丁（Astin）根据他对教育性质和价值的理解，提出了以促进学生才智发展为目的的教育质量观。这种质量观其实是以结果为导向的质量观，其质量值应是在一个教育过程开始时的"初始学生质量"与"当前学生质量"之间的差值，即学生质量的增值。增值性质量观强调需要更多地监督学习结果，该质量观认为远程教育的教学环境没有场所、设备和校园，也可能没有专职教师。如果在远程教育评价过程中，采用与传统高校相同的评价标准，可能不会产生有用的远程教育质量信息，因此需要特别关注学生的学习结果。[③]

该质量观在一定程度上也体现了以学习者为中心的思想，网络教育是一种以学生为中心的学习方式，教学系统的设计、远程教学过程的实

---

① 丁兴富．（2005）．论网络远程教育质量观的创新［J］．中国远程教育，(5)：10—14.

② 祝智庭．（2007）．网络远程教育的服务质量管理——走向标准化的思路［DB/OL］．http://www.cmr.com.cn/distance/netdepart/3-1.ppt

③ 刘凡丰．（2003）．教育质量的概念与评价方法［J］．学位与研究生教育，(1)：29—33.

施都应该以学生为中心，其管理、教育和服务也要从学生的角度出发①。远程教育的质量最终要体现在学生的成长和进步上，质量的好坏最终应该由学生来判断。② 学生的价值增值，体现在学生学习之后在各方面的改变和进步，包括个人、家庭、企业和社会满意度的提升，学习者通过远程学习，掌握了什么知识和技能，是否内化为自己的素质，完善了自身的素质结构，是否能将所学知识应用于工作解决实际问题，能否适应社会的变化、发展和挑战，这是远程教育质量最重要的检验和衡量标准。③

二、目标性质量观

我国《教育大辞典》界定：教育质量是对教育水平高低和效果优劣的评价，衡量的标准是教育目的和各类学校的培养目标④。质量要满足培养目标。机构在教学实施前会指定一个培养目标，而教学过程实施之后对其是否达到了预期的培养目标进行检测，这是对质量的一种判断。在这个层面上，质量就是对预期计划的一个实现程度。目标性质量观也是以结果为导向的质量观，其对质量的判断就是对结果的评估和测试，和增值性质量观不同之处在于，其参照的对象不同，增值性质量观参照的是学习者学习前的状态，而目标性质量观参照的是既定的教学目标或者培养目标。

三、市场化质量观

我国学者陈玉琨教授认为，教育质量是教育系统满足社会需要的程度；教育质量的高低，要依据它满足社会和人的发展需要的程度作出判断⑤。这种以社会效益为基础的市场化质量观认为，远程教育应以服务社会、为社会培养各类合格人才培养为核心，这跟远程教育的定位"培养

---

① 王福胜，徐乃庄．（2007）．高校网络教育内部质量保证体系构建［J］．开放教育研究，（4）：46—49.
② Ehlers, U. (2004). Quality in e-learning from a learner's perspective, European Journal of Open and Distance Learning, http://www.eurodl.org/materials/contrib/2004/Online_Master_COPs.html#r4：2012-04-12.
③ 武丽志．（2007）．远程教育服务论纲［D］．华南师范大学博士论文．
④ 顾明远．（1990）．教育大辞典［M］．上海：上海教育出版社．
⑤ 安娜．（2008）．网络教育评估理论与实证研究［D］．天津大学硕士论文．

应用型人才"是非常吻合的。所以市场化质量观得到了很多专家学者的认可，刘凡丰认为远程教育质量难以找到合适的评价体系来评价它，同时外部利益相关者只关注学生质量，因此市场竞争机制可发挥其教育质量的保证作用。① 张家浚认为可以尝试以人才市场作为评价远程教育质量的评判师，树立这种市场导向的新型质量观，让市场来决断质量的好坏。② 在市场经济体制下，市场化远程教育质量观充分发挥市场调节作用来保障远程教育的质量，市场竞争的压力在一定程度上比政府的质量控制更为有效③。

同时，市场化质量观认为质量是动态变化的，远程教育质量不是满足某个标准或是某个目标的，而是在不断发展变化的。当社会的经济、政治、文化改变了，其社会需求也随之改变，质量需求也会随着改变。④

四、标准性质量观

增值性质量观强调学习者学习后跟学习前相比的"增值"，目标性质量观强调学习者学习后满足之前预定的学习目标，市场化质量观强调学习者学习后能够符合社会需求，不难看出，这三种质量观都是以结果为导向的。标准性质量观与前三种增值性质量观、目标性质量观和市场化质量观均不同，标准性质量观则是以过程为导向的，质量标准是远程教育实施过程管理和目标管理的准绳和基础，也是评估和监控远程教育质量的依据。通常情况，先是由权威机构制定相关的标准，约束和引导远程教育机构的运营，应用标准通过评估来判断机构是否达到了每一条标准，从而判断机构是否有质量。而这个标准往往是涉及远程教育的各个环节，对整个远程教育的过程进行把控。

杨青认为远程教育质量主要是指远程教育资源的质量、远程教育支

---

① 刘凡丰．（2003）．让市场机制发挥教育质量的保证作用［J］．中国远程教育，（11）：72—74.

② 张家浚．（2003）．树立新型的远程教育质量观［J］．中国远程教育，（3）：9—12.

③ 韩晓燕，张彦通．（2004）．远程教育质量保证研究综述［J］．远程教育杂志，（10）：26—29.

④ 丁新，马红亮．（2003）．构建全面多元的远程教育质量观［J］．中国远程教育，（19）：72—80.

持服务各个环节的质量，只有制订必要的行业质量标准，才能建立远程教育服务市场的有效秩序，保护远程教育中为提高质量而不断加大投入的教育服务提供者。① 武丽志在其博士论文中提出，远程教育质量是反映远程教育机构或院校提供的远程教育服务满足受益者明确或隐含需要能力的特征和特性的总和②。远程教育的各个环节都关乎质量，只有制定相应的标准，依据标准操作，才能确保各个环节的质量，达到最终的质量目标。

五、分立性质量观

Insung 和 Robinson 等人认为远程教育与传统教育存在很多方面的不同，不能用相同的标准去要求传统教育和远程教育，远程教育有自身的特殊性，若直接使用传统高等教育的标准，就无法反映远程教育的自身特性和规律，在质量评价上会存在不适用的现象③④。

远程教育与传统教育的定位不同，远程教育是面向在职成人的继续教育，是一种大众化的高等教育，其课程目标、培养规格、入学条件均存在差异，不能将精英教育的传统高校标准直接应用到远程教育⑤。社会需求决定了远程教育的培养目标应与传统高校不同，应承担着相应层次人才的培养任务。⑥ 丁新将对远程教育质量理解分成需求满足层次、培养目标层次、质量标准层次和动态变化四个层次，根据远程教育试点院校在院校类型、办学层次、专业和课程设置等诸多方面存在的差异，构建

---

① 冯琳，刘莉．(2006)．远程教育质量保证：国际视野与中国特色——"2006 网络教育国际论坛"述略［J］．中国远程教育，(11)：5—9．

② 武丽志．(2007)．远程教育服务论纲［D］．华南师范大学博士论文．

③ Insung and Latchem, Colin (2007). Assuring quality in Asian open and distance learning, *Open Learning: The Journal of Open and Distance Learning*, 22：3，235—250．

④ Robinson, B. (2004). *Governance, accreditation and quality assurance in open and distance education*, in：H. Perraton & H. Lentell (Eds) Policy for open and distance learning，181—206．

⑤ 中国教育报．远程高等教育：跳出游移于"精英与大众"间的怪圈［DB/OL］．http：//www.jyb.cn/cm/jycm/beijing/zgjyb/6b/t20061113_48580.htm，2014-4-12．

⑥ 陈乃林．(2001)．试论电大远程教育质量观［J］．开放教育研究，(6)：26—30．

与之相适应的多元化的远程教育质量保证标准。① 侯建军认为现代远程教育的质量观是大众化的高等教育质量观，它的培养目标应该是区域社会经济发展所亟须的应用型、技术型的专门人才，不能用校园精英式的高等教育质量标准来衡量现代远程高等教育，否则只能迫使远程教育学院向培养精英式人才的常规大学看齐，而失去了适合大众化教育、跨越时空的个性化自主学习的优势。现代远程教育的质量标准应该与培养目标相一致，标准过高或过低，都会造成教育质量与培养目标的不协调，很难保证教学质量，因为培养目标是通过教学内容、课程体系以及学习支持服务等来实现的②。

远程教育的学生特质较传统高等教育差异较大。Koul 认为远程教育招生面向的是广泛的社会群体，他们往往是在职人群，他们的学习基础相对较差，学习时间和学习精力有限，所以用统一的质量标准要求远程教育和传统教育是不恰当的。③ 除了学生的客观条件问题，学生主观上的学习动机也是不一样的，他们往往是为了通过学习获得能力或者素质的提升，从而在职业发展中有所突破，这跟大学的通识教育有区别，远程教育要服务和服从学生的学习目的，帮助其获得职业提升④。

六、同一性质量观

Reid 认为远程教育与传统教育相比，只是教育手段的不同，远程教育并不意味低质量，同样可以达到与传统高校相同的质量标准。⑤ 段福德认为，远程教育是同一高校以不同形式举办的同层次教育，应具有同等效力。也就是说，远程教育与传统校内教育的质量观应该是统一的。但

---

① 丁新，马红亮．（2003）．构建全面多元的远程教育质量观［J］．中国远程教育，(19)：72—76.

② 侯建军．（2003）．现代远程高等教育质量的标准、评价及保证体系［J］．现代远程教育研究，(3)：9—13.

③ Koul, B. N. (2006). *Towards a culture of quality in open distance learning: present possibilities*, in: B. Koul & A. Kanwar (Eds) Perspectives on distance education: towards a culture of quality, 177—187.

④ 王福胜，徐乃庄．（2007）．高校网络教育内部质量保证体系构建［J］．开放教育研究，(4)：46—49.

⑤ Reid, C. N. and Robertshaw, M. (1992). The quest for quality, East and West, *Distance Education*, 13: 2, 270—287.

是由于远程教育在课程开发、教学过程、运行模式等方面与传统教育有所差异，针对每一个方面的质量评估标准应有所区分，不能完全按照传统学校的评估标准来评价。① 远程教育作为一种高等教育形式，应符合一般高等教育质量观的基本要求。即必须有包括知识、能力和素质方面的基本指标。在高等教育的基本环节上，包括教学、课程、讨论、作业、辅导、考核、实验以及各种实践环节，都应该强调和落实高等教育质量观的一般要求。但是，远程教育也应在各个指标和环节的具体内容上具有自己的特点②。

丁新和马新亮等也持有同一性质量观，他们认为远程教育与传统教育有很多共性，在办学层次上，远程教育和面授教育都着重于学历教育，教育目标上都是为了培养满足国家和地区的社会经济、政治、文化等各方面发展对专业人才培养、劳动力培训和提高全民族素质的需要，在教学方法上，都包括讲授法、谈话法、演示法、讨论法等教学方法。基更的教与学再度整合的理论，改善了远程教育教与学时空分离的状况，争取向传统教育"教学同步"靠拢。

质量观的不同会直接导致标准的不同，也就是说质量观是质量保证标准的先驱性问题。当采取市场化质量观的时候，在标准中的制定中需要体现以社会效益或市场反馈为核心，在专业设置的时候需要紧跟市场步伐，在学生培养的时候需要市场化的价值观，在后续需要跟踪学生调研学生是否符合市场需求。当采取分立性质量观，明确远程教育学生的毕业定位，在课程设计和培养方案的制订上也要与传统高校有所区别。因此，在标准制定之前，我们需要思考一下质量观，怎样的质量观符合时代的需求，本研究标准制定依据的质量观是什么。

在六种质量观里面呼声最高的当属同一性质量观。同一性质量观也是国际上较为认可的一种质量观，比如英国、澳大利亚等，坚持在同一性质量观的指导下，开展评估和认证工作，只是在具体的评估指标和过

---

① 段福德．(2003)．网络教育质量能否"另"眼相看 [J]．中国远程教育，(2)：26—28．

② 丁兴富．(2005)．论网络远程教育质量观的创新，远程教育质量保证及质量评估与认证国际比较研究——成果 4 [J]．中国远程教育，(5)：10—14．

程上所有差异。在亚洲，采用同一观的国家也较多，比较有代表性的有日本、马来西亚、印度尼西亚、菲律宾、新加坡和斯里兰卡。[①] 不得不承认，社会经济对人才的规格、类型、层次需求是多样化的，个体学习需求是多样化的，办学主体也是多元化的。因此，多元化质量标准有其存在的必然性，不同层次、不同类型的高等学校应该有不同的质量观。质量观的这种"多样性"，有利于各类人才脱颖而出，有利于满足社会、个人对高等教育不同的需求，但又容易使高等教育质量出现不平衡。远程教育同一性质量观，并不代表远程教育与传统教育采用同一个评估标准，完全一致对待，同一性质量观指的是远程教育与传统教育在同一资质框架下运行，他们是具有同样的学术地位、同样的社会声誉，没有孰优孰劣，学生可以在两类教育之间任意选择，其学分可相互转换。但是，由于其教学模式不同，两类教育在同一资质架构下的质量标准的构成和具体指标会存在差异。同一性质量观既有利于各种人才的培养，又使高等教育的质量平衡发展。

我国远程教育的质量目标是培养应用型人才，即远程教育以应用型人才培养为质量目标，适应社会发展的需要，在高等教育大众化的背景下，以社会需求为导向，以满足社会需要和学生个体在知识技能、生涯发展、职业提升等方面的发展作为判断教育质量的依据。尽管远程教育与普通高校的生源不同，培养目标上有差异，但不能在远程教育的学生培养质量上有所松懈。同一性质量观有利于远程教育提高其社会地位，有助于远程教育持续发展，采用同一性质量观较为可取。在标准的制定上需要体现该质量观，标准的制定需要参考国内其他高等教育形式的评估标准，并且远程教育办学机构需要具备关于学分管理和学分转换等灵活开放的学习制度。

---

① 陈丽．(2012)．亚洲国家现代远程教育质量保证体系比较研究［J］．现代远程教育研究，(2)：13—19.

第二节　远程教育质量保证的内涵

从语义学的角度看，"质量"一词的含义比较清晰。"质量"的英语"Quality"一词源于拉丁文，指某一给定实体的性质，只描述事实，不作价值判断，不区分好坏。随着时间的推移，质量的定义中慢慢出现了价值判断的成分，质量开始含有评价的意思。《朗文现代英语词典》解释为"grade，degree of excellence"，意思是"优秀的等级或程度"。《汉语大词典》对质量的解释是"事物、产品或工作的优劣程度"。[①]

根据对质量的界定可以看出，远程教育质量是对远程教育系统的价值判断，而远程教育系统的价值判断如何产生？有人提出，远程教育质量是指远程教育所具有的，满足个人、群体、社会明显或隐含需求能力的特性的总和。这些特性往往通过受教育者、教育者和社会发展所要求的目标、标准、成就水平等形式表现出来。[②] 从定义来看，远程教育质量标准应该是从是否满足远程教育学习者、是否满足社会发展需求考虑来评判，所以在制定标准的时候，不能只从机构或者专家的视角考虑，要关注多方利益相关者。

也有人提出，质量的概念是从工业引出的，质量必须是建立在一个过程中，包括前期的产品设计、产品生产加工过程和后期的产品测试过程[③]。类比工业概念"质量"，远程教育领域的质量也需要包含前期的课程设计、系统设计、人力物力准备，过程中的学习支持和非学习支持，以及后续的评价和评估。

质量保证的概念由英文"Quality Assurance"翻译而来，Grant Harman、V Lynn Meek 定义为："质量保证是指通过监视过程和结果，以确

---

①　汉语大词典编辑委员会．（2000）．汉语大词典普及本［M］．上海：汉语大词典出版社．

②　朱立明，刘俊强．（2005）．对现代远程教育质量观及质量保证的探讨［J］．现代远距离教育，（3）：15—17.

③　罗洪兰，邓幸涛，杨亭亭．（2001）．中国电大远程教育质量保证体系及标准初探（上）［J］．中国远程教育，（11）：18—20.

保实现指定或提高质量的系统化管理和评估过程"。① 全国科学技术名词审定委员会解释为"为使物项或服务符合规定的质量要求，并提供足够的置信度所必须进行的一切有计划的、系统的活动"。② 质量保证一词最早出现于 1987 年版 ISO9000 族系列标准，在 1994 版的 ISO9000 族标准风行全世界的同时，质量保证这一名词也广泛被使用。③

教育中的质量保证概念是从工业质量领域中"租借"而来，质量保证、质量控制等术语均来自工业生产中对产品质量的控制。工业质量管理思想，如 ISO9000 和全面质量管理（Total Quality Management，TQM）等至今仍对教育质量保证影响很大，但是与工业质量保证相比，教育领域中的质量保证在内涵与外延上都发生了很大的变化。④ 英国高等教育质量保证署（Quality Assurance Agency，QAA）提出了教育质量保证定义：教育质量保证是提升教师教学、学术及科研，以及学生学习的质量的全部标准体系、资源和信息的总和。田恩舜认为高等教育质量保证是指特定的组织根据一套质量保证标准体系，按照一定程序，对教育质量进行控制、审核和评估，并向学生和社会相关人士保证高等教育的质量，提供有关高等教育质量的信息，其基本理念是对学生和社会负责、保持和提高高校的教育质量水平、促进高等教育整体发展⑤。

通过以上对质量保证概念的解析，可以得到三个结论：①质量保证的目的有两个，一个是为了确保和提升质量，另一个则是让外界确信远程教育能提供合格的教学和服务；②远程教育质量保证不是单个活动，而是由一系列有关管理和评估的活动组成；③质量保证活动是按照一定的程序和标准开展的。因此，远程教育质量保证是远程教育系统为使人们确信远程教育机构能提供合格的教育服务，按照一定的标准和程序，

---

① Grant Harman，V Lynn Meek. (2000). Repositioning Quality Assurance and Accreditation in Australian Higher Education [DB/OL]. Commonwealth of Australia，http://asiapacific-odl. oum. edu. my/C09/F409. pdf

② 全国科学技术名词审定委员会 [DB/OL]. http://www. cnctst. gov. cn，2014-5-7.

③ 袁松鹤，齐坤，孙鸿飞. (2012). 终身教育体系下的远程教育质量观 [J]. 中国电化教育，(4): 33—41.

④ 白滨. (2009). 中英网络学历教育质量观与质量保证关键要素的比较研究——专业人员的视角 [D]. 北京师范大学.

⑤ 田恩舜. (2007). 高等教育质量保证模式研究 [M]. 青岛：中国海洋大学出版社.

在内部对教育质量进行控制、审核和评估，确保质量的所有活动和过程①。这种活动的标志或结果就是提供"证据"，以确保用户和消费者对质量的信任。

第三节　质量保证与质量管理的关系

为了提升远程教育的质量水平和质量声誉，其实政府和办学机构均做了很多努力。教育部陆续出台了有关网络教育学院、公共服务体系及学习中心的审批及管理、招生及就业、证书及电子注册、统考、年报年检、评估和教学规范等政策文件80多个，建立了网络教育的信息化质量监管平台和机制。办学机构在远程教育的各个环节如学生管理、教师管理、考试管理及其他各方面积极制订相应的规章制度，以保证网络教学有章可循，实现对网络教育的科学、规范管理，保证网络教育的质量，部分办学机构还尝试引入ISO9000质量认证体系规范远程教育的质量管理。

然而，政府和远程教育办学机构的这些努力和尝试，并没有从根本上解决质量水平和质量声誉问题，远程教育质量依然被社会所诟病。究其原因，政府和办学机构的这些工作零散、不成体系，做的工作停留在质量管理层面，并没有落实到真正的系统的质量保证工作当中②。质量保证和质量管理尽管从表象上看非常相似，但是却有着质的不同。质量保证是一个前摄性的质量活动，以过程为导向，主要关注防止过程中问题的发生；质量管理是反应性的质量活动，以产品和结果为导向的，主要关注的是结果的评估③。如果从工具的视角来看，质量保证是管理工具，而质量管理是纠错工具。现阶段，我国需要的不是遇火救火的质量管理工作和制度，而是一个系统的质量保证体系，建立科学的、系统的、完

① 沈欣忆，杨利润，陈丽．（2014）．国家层面的远程教育质量保证政策体系框架研究[J]．电化教育研究，（6）：78—84.
② 陈丽．（2012）．亚洲国家现代远程教育质量保证体系比较研究[J]．现代远程教育研究，（2）：15—21.
③ DIFFEN. Quality Assurance vs. Quality Control [DB/OL]．http：//www.diffen.com/difference/Quality_Assurance_vs_Quality_Control，2014-12-31.

整的国家层面的高等远程教育质量保证体系显得尤为重要和紧迫。

第四节　远程教育质量保证体系的构成

　　远程教育质量保证体系由多层次内容组成，通过前期的研究，得到远程教育质量保证体系从上位到下位共四层[①]，分别是质量定位、学分体系、质量保证标准以及质量保证组织实施模式（如图 2-1）。在统一的质量定位下，构建连接远程教育和传统教育的学分体系；在统一的学分体系中，建立确保远程教育系统质量的标准；基于统一的标准，构建质量保证组织实施模式，开展质量保证工作。从宏观上解决国家远程教育发展中现存的问题，明晰远程教育的质量观、基本质量框架和质量标准，促进各级各类教育纵向衔接、横向沟通；从微观上使得远程教育办学机构能够在质量管理工作中有法可依、有理可循。

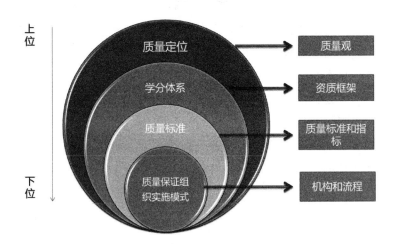

图 2-1　国家层面的远程教育质量保证体系框架

---

　　① 沈欣忆，杨利润，陈丽．（2014）．国家层面的远程教育质量保证体系框架研究［J］．电化教育研究，(6)：78—84.

第一层是质量定位，政府需要对远程教育清晰定位，指明远程教育的质量方向①。一般有三种质量定位模式：①同一模式。同一模式的国家将远程教育作为高等教育的重要组成部分，传统大学和远程教育机构的质量管理采取同一个程序和标准。同一模式是亚洲国家质量保证的主流模式，代表国家有日本、马来西亚、印度尼西亚、菲律宾、新加坡和斯里兰卡。②分立模式。采用分立模式的国家针对远程教育与传统教育的差异，单独制定了远程教育质量保证的程序和标准。分立模式的代表国家有印度和韩国。③探索模式。该模式的国家对远程教育质量保证的方法尚处于探索阶段。探索模式的代表国家有蒙古。不同的质量定位模式背后隐含的其实就是不同的质量观，无论采用哪种质量观，需要对远程教育有个明确的定位，统一远程教育的目标和走向。

第二层是学分体系。传统教育和继续教育在统一的学分规则体系下运行，该体系包括基本的学分要求以及学分所代表的学习当量，也包括学分银行与学分认证制度。学分制度能够较好地处理远程教育和传统教育的学分转换与衔接问题，以学分为纽带，远程教育的学习当量能够得到清晰指导，而远程教育的办学质量也可在统一的学分框架下得到明确约束。英国早在20世纪80年代就采用了学分积累和转换的机制，英国的一个学分当量是10个学时，学分按照学习内容难易程度可以划分为八级，对取得不同的学位有对应的学分要求②。

第三层是远程教育质量保证标准。质量保证标准是远程教育教学各环节应该达到的工作水平。机构可根据构建的远程教育质量保证标准，合理有效地组织远程教育各个环节即各种要素，按照质量保证标准的要求教学、管理、提供技术保障和后勤服务，并用统一标准进行控制、检查与监督。只有建立标准才能让机构在运行中有法可依，促进质量水平提升；只有建立标准才能进一步构建质量保证体系，消除公众对远程教育的偏见，解决质量声誉问题。

第四层是质量保证组织实施模式，具体包括质量保证机构的建立与

---

① 赵继红，刘利．（2005）．远程教育政策：现代远程教育生存发展的重要保障［J］．湖北广播电视大学学报，（6）：12—15.

② 何娟．（2007）．英国高等教育学分积累与转换系统研究［D］．福建师范大学硕士论文．

管理、具体实施程序等。建立质量保证机构指的是建立学术咨询机构和认证机构等①。这里特别强调认证机构而不是评估机构，在英国"机构由被动接受评估转变为主动要求认证"。质量认证机构和评估机构有所不同，质量认证包含了质量评估这个工作流程，但是认证结果很大程度上是教育机构的荣誉标签，教育机构得到的认证结果可帮助其提升社会声誉和学生认可度。学术咨询机构为政府提供解决远程教育问题的方案，帮助建立健全的远程教育法规和机制。在这一层还需要解决的问题是如何实施质量保证的工作，包括如何使用质量保证标准、由哪个机构来操作、如何操作、机构各自有什么不同的分工、它们之间有什么联系。

在远程教育质量保证体系中，质量观是最上位的，指示远程教育发展方向；学分体系是连接远程教育和传统教育的纽带；质量保证标准是规范远程教育体系内部的准则和根本，标准可规范机构的运行，也是质量保证组织实施模式开展的重要依据。远程教育质量保证标准是一切质量保证工作的基础，所以在远程教育质量保证体系中需要解决的一个核心问题是建立一套符合中国实际的远程教育质量保证标准②③。教育部印发的《国家教育事业发展第十二个五年规划》提出，"建立国家教育标准体系，建立标准修订机制，定期对相关教育标准适用性进行审查。设立国家教育标准中心，加强教育标准的研究和制定，到 2015 年初步形成国家教育标准体系④"。标准的重要性不言而喻，建立统一权威的高等远程教育质量保证标准迫在眉睫。对于办学机构，质量保证标准可以规范办学行为，指导办学方向，强化学校质量自律，在质量管理工作中有法可依、有理可循，是保证和促进其教育质量水平不断提高的客观需要⑤；对

---

① 沈欣忆，杨利润，陈丽．(2014)．基于生态观的远程教育质量保证体系构建［J］．中国电化教育，(7)：82—87．

② 杨亭亭．(2005)．两岸远程开放大学教学质量标准的比较研究［J］．现代远距离教育，(2)：3—6．

③ 张凤龙，张志军，王淑娟，曹刚，王跃，董锐．(2002)．网络教育质量保证体系概念界定［J］．中国远程教育，(7)：13—16．

④ 中国教育部．教育部关于印发《国家教育事业发展第十二个五年规划》的通知［EB/OL］．http：//www. moe. edu. cn/publicfiles/business/htmlfiles/moe/moe _ 630/201207/139702. html，2014-9-5.

⑤ 孙晖．(2011)．从比较的视域看我国开放大学质量标准的建构［J］．陕西广播电视大学学报，(4)：10—14．

于政府，标准可使得政府在管理中明确方向，定期开展评估工作，为进一步质量保证体系的建立奠定基础；对于民众，标准可让其了解远程教育的运行机制和流程，信息的对称可以稀释并消除民众对远程教育的偏见，这是提升质量声誉的关键[①]。

① 孔得伟，王以宁，张海．（2005）．我国远程教育质量保证体系建设策略思考［J］．现代远距离教育，（1）：67—69.

第三章
国际高等远程教育质量保证标准

第一节　亚洲国家的高等远程教育质量保证标准

一、亚洲各国远程教育质量保证简介

1. 中国

中国广播电视大学系统成立于 1979 年，是中国最大的远程教育机构。1998—2003 年，教育部又批准了 67 所普通高校成立网络教育机构（网络教育学院），利用网络开展高等学历教育。到 2008 年，网络学历教育在读学生占高等教育在读学生的 12%。中国广播电视大学与普通高校网络教育学院，都是通过教育部组织的专家组评估后，由教育部直接授权举办的。为保证毕业生质量，自 2004 年，教育部办公厅对现代远程教育试点高校网络教育学生部分公共课实行全国统一考试。教育部每年对网络教育机构进行年报年检工作，根据年报年检的情况向网络教育机构反馈意见，对有违纪办学的机构进行整顿。中国的高等远程教育尚未纳入普通高等学校的质量管理系统中，尚未有国家层次的远程教育质量标准和质量认证机构。部分网络教育学院引进 ISO9000 认证的方法建立了内部质量保证体系。

2. 印度

英迪拉甘地开放大学成立于 1985 年，是印度最大的远程教育机构，已招收学生 350 万。过去 20 年，印度陆续成立了 13 所州级开放大学和

50 余个其他类型的远程教育机构，新机构招收学生的规模占印度高等教育学生规模的 25％。1991 年印度在英迪拉甘地开放大学内设立远程教育委员会，直接负责远程教育机构的评估和认证工作。远程教育委员会颁布了《印度远程教育机构评估和认证手册》，手册明确了评估与认证的程序和标准。印度政府认可通过远程教育委员会评估和认证的学位。

3. 印度尼西亚

印度尼西亚自 20 世纪五十年代中期就开始利用远程教育方式培训在职教师。但是，直到 1985 年印度尼西亚成立托布卡大学（远程教育机构）后，远程教育才被广泛应用和认知。2001 年印度尼西亚法律允许传统高校开展远程教育，但托布卡大学是唯一的开放大学。截至 2010 年，托布卡大学共招收学生 65 万人。作为公立大学，托布卡大学遵从印度尼西亚高等教育有关质量的标准和规定，每学期向政府呈报大学自评报告。托布卡大学获得了印尼国家高等教育认证委员会的授权，也通过了国际有关标准的认证，包括国际远程与开放教育理事会（ICDE）的认证，以及 ISO9000 的认证。

4. 韩国

2001 年以前，韩国国家开放大学是唯一的远程教育机构。2001 年，韩国教育部正式批准成立网络大学，到 2010 年，韩国已有 18 所网络教育机构提供本科和硕士层次的远程教育课程。2010 年，韩国国家开放大学拥有在读生 17 万，网络教育机构拥有在读学生 3 万。在韩国，所有四年制的大学，包括韩国国家开放大学，每隔 2 年必须向韩国高等教育委员会提交自评报告。韩国高等教育委员会是韩国政府唯一授权对四年制大学进行认证的机构。针对网络大学，韩国教育科研服务中心依据正式颁布的《网络大学评估手册》进行监管。

5. 日本

成立于 1985 年的日本开放大学（原日本放送大学）是日本最早面向大东京地区，利用广播和电视开展远程本科教育的远程教育机构。到 1998 年，日本开放大学已经建立了学习中心网络，利用卫星广播电视，面向全国提供远程教育服务。截至 2010 年，日本开放大学招收学生 10 万余人。自 2001 年起，日本开放大学开始开设研究生层次的专业。但是，日本开放大学至今仍以卫星广播电视为主要传播手段，尚未开展网络教育。除日本开放大学外，日本还有 42 所传统大学、2 所网络教育学院和其他一些院校提供远程教育课程。自 2004 年起，日本政府要求每隔 7 年，所有高等教育机构必须接受文部省授权的认证机构的评估。日本文部省授权的认证机构有 3 个：日本国家学位与大学评估中心、日本大学认证协会和日本大学评估中心。这 3 个认证机构同时服务于传统大学和远程教育机构，但目前尚未针对远程教育机构制定专门的质量保证制度和标准。

6. 马来西亚

马来西亚的远程教育始于 20 世纪七十年代，以马来西亚科技大学为首的传统高校，纷纷设立专门的机构提供远程教育课程服务。进入 21 世纪，马来西亚成立了 3 所专门的远程教育机构：2000 年成立马来西亚开放大学、2006 年成立宏愿开放大学、2008 年成立亚洲网络大学。马来西亚还在 2007 年成立了国家高等教育质量认证机构，专门负责所有大学和课程的认证和监管工作。截至 2010 年，远程教育课程也要通过传统课程认证的程序。所有大学的课程必须通过国家高等教育质量认证机构认证后，才能获得政府批准招生。获得招生权的专业，在第一届毕业生毕业前，要接受全面的审计。所有课程经过审计后，大学可以邀请政府对其机构进行审计，通过审计的远程教育机构，政府授权其对专业进行自我审计，其专业不再接受外部审计。

7. 蒙古

蒙古没有独立的远程教育机构。远程教育课程主要是由几所传统高等教育机构提供。提供远程教育课程的公立大学有蒙古科技大学、蒙古国立大学、健康科学学院和蒙古教育学院。同时，也有一些私立的教育机构提供远程教育课程。其中，蒙古科技大学是现代远程教育实践中最活跃的大学。在 2007—2010 年，蒙古科技大学向社会提供 16 个硕士专业的在线课程，同时提供上述 16 个专业的本科课程。1998 年，蒙古成立蒙古教育认证委员会，专门负责高等教育机构的质量认证和授权工作。从 2002 年起，蒙古教育质量认证委员会开始受理职业教育的认证工作。但是，该教育质量认证委员会尚未受理远程教育的认证工作，蒙古至今还没有制定针对远程教育质量保证的制度。

8. 菲律宾

拥有 7100 个岛屿的菲律宾最适合发展远程教育，但目前只有 17 个高等教育机构提供远程教育课程。其中独立的远程教育机构有菲律宾国立开放大学、CAP 学院、亚洲远程教育研究所和东南亚跨学科发展研究院。多数远程教育课程都是硕士层次，学生注册的人数较少。例如，2010 年菲律宾最大的国立开放大学只有两个本科专业，每个学期招生的数量只有 2500 人。菲律宾公立大学的质量评估和监管由高等教育委员会来负责，公立大学自愿申请高等教育认证委员会的认证。菲律宾高等教育委员会要求所有私立大学必须获得菲律宾认证联合会的认证。菲律宾认证联合会由菲律宾大学、学院、学校认证委员会和菲律宾高等教育协会认证委员会组成。

9. 新加坡

新加坡政府尚未对高等教育机构和课程进行认证。但自 2004 年以来，新加坡教育部内的高等教育质量保证局开始依据新加坡高等教育质量保证框架对四年制的大学进行审计。新加坡新跃开放大学是新加坡最大的远程教育机构。新跃开放大学采取混合式教学方法，其源于 1992 年新加坡管理研究院受政府委托，与英国开放大学合作开发的项目，即开放大学远程教育课程计划。2002 年开放大学远程教育课程计划获得英国开放大学的认证，同时更名为新跃开放大学中心。2005 年，新跃开放大学中心正式通过认证，更名为新跃开放大学。到 2010 年，新跃开放大学共招收学生 11000 名，完全通过了新加坡高等教育质量保证局的质量审计。

10. 斯里兰卡

成立于 1978 年的斯里兰卡开放大学是斯里兰卡唯一的远程教育机构。截至 2010 年，斯里兰卡开放大学共招收学生 2500 人。最近几年，在亚洲发展银行的支持下，斯里兰卡正在实施现代远程教育工程，部分传统大学开发和提供远程教育课程。所有类型的远程教育机构都必须通过高等教育部质量保证与认证委员会的认证。质量保证与认证委员会成立于 2003 年，主要致力于高等教育机构持续的质量改进。与英联邦学习组织合作，斯里兰卡教育部于 2009 年出台了《远程高等教育质量保证手册》。

二、亚洲国家远程教育质量保证的组织模式

从质量认证机构、质量保证的目的、是否自愿接受认证、是否颁布了远程教育质量保证指导纲要、监管范畴等 5 个维度分别对亚洲国家远程教育质量保证的组织模式进行了分析，发现亚洲国家在上述 5 个维度上都呈现出多样性的特征。

表 3-1　亚洲国家远程教育质量保证的组织模式

国家	质量认证机构	质量保证的目的	是否自愿	颁布远程教育国家质量标准	适用范围
中国	教育部	机构授权学术审计	必须参加	无	现代远程教育试点高校
印度	远程教育委员会	机构认证	自愿	远程教育机构评估和认证手册	远程教育机构
印度尼西亚	国家高等教育认证委员会	专业认证政府拨款	自愿	课程认证标准	传统课程和远程教育课程
韩国	高等教育委员会	机构认证学术审计政府拨款	必须参加每 5 年一次	无	传统课程和远程教育课程
	教育科研服务中心	机构认证学术审计政府拨款	必须参加每 2 年一次	网络大学评估手册	18 所网络大学
日本	国家学位与大学评估中心	机构认证学术审计	必须参加每 7 年一次	无	传统高校和远程教育机构
	日本大学认证协会	机构认证学术审计	必须参加每 7 年一次	无	传统高校和远程教育机构
	日本大学评估中心	机构认证学术审计	必须参加每 7 年一次	无	传统高校和远程教育机构
马来西亚	高等教育局（国家高等教育质量认证机构）	专业认证学术审计	必须参加每 5 年一次	国家高等教育质量框架	传统高校和远程教育机构

续表

国家	质量认证机构	质量保证的目的	是否自愿	颁布远程教育国家质量标准	适用范围
蒙古	教育认证委员会	机构认证	自愿	无	传统高等学校
菲律宾	高等教育认证委员会	机构和专业认证	自愿 3～5年间隔	无	公立高等教育机构和专业
	教育认证联合会	机构和专业认证	自愿 3～5年间隔	高等教育委员会颁布的远程教育质量标准	公立和私立远程教育机构和专业
新加坡	高等教育质量保证局	学术审计	必须参加 每4年一次	无	传统高校和远程教育机构
斯里兰卡	质量保证与认证委员会	机构和专业认证 学术审计	必须参加 每5年一次	远程高等教育质量保证手册	传统高校和远程教育机构

1. 质量认证机构

从上表中不难看出，亚洲国家中只有中国和新加坡两个国家质量监管工作由政府（教育部）直接组织进行。在印度、韩国、马来西亚和斯里兰卡等国家，政府委托一个质量认证机构负责远程教育的质量认证工作。在韩国和印度尼西亚等国家，质量认证机构由政府成立，直接受政府的资助和管理。在菲律宾和日本等国家，政府背景的认证机构和非政府背景的认证机构同时参与认证工作。

2. 质量保证的目的

从上表可以看出，亚洲国家远程教育质量保证的目的主要是为了社会声誉和质量改进。在国际范畴内，质量保证的目的有：社会声誉、质量改进、促进机构间的竞争、确认新机构的办学质量、确认评价机构的办学水平、支持院校学分互认、促进国际比较。[①] 为了保证社会声誉，认证是最常用的方法。认证是通过内部评估或者外部评估，以判断机构或者专业质量是否达到预定标准的过程。认证是中国、印度、印度尼西亚、

---

① Brennan，J.（1999）. Evaluation of Higher Education in Europe［A］. Henkel，M. & Little，B.（Eds.）. Changing Relationships Between Higher Education and the State［M］. London：Jessica Kingsley.

日本、韩国、马来西亚和菲律宾等国家采用的方法。

为了改进质量，学术审计是常用的方法。审计是判断机构的办学过程是否能够保证质量，通常是在机构自评的基础上，由外部专家利用事先开发好的评估工具，对机构进行外部评估。学术审计是中国、韩国、马来西亚等国家常用的方法。

3. 远程教育质量标准

从上表可以看出，中国、日本、蒙古、新加坡等国家尚未颁布远程教育质量标准；印度、韩国、马来西亚、印度尼西亚、菲律宾和斯里兰卡等国家都颁布了远程教育质量标准；印度尼西亚只颁布了远程教育课程标准。在 10 个亚洲国家中，日本、马来西亚、印度尼西亚、菲律宾、新加坡和斯里兰卡等国家的远程教育质量标准都与普通高等学校的质量管理采取同一程序，纳入同一标准体系。

三、亚洲国家远程教育质量保证标准的内容框架

各国远程教育质量标准的内容涉及以下 12 个维度：使命和愿景、评价和评估、教育资源、领导力与管理、财经资源、IT 基础设施、教与学、课程开发、学生支持、教职员工、内部质量保证系统、研究。具体信息见下表。

表 3-2　亚洲国家远程教育质量保证标准的内容框架

内容	中国	印度	印度尼西亚	韩国	日本	马来西亚	蒙古	菲律宾	新加坡	斯里兰卡
使命和愿景	√	√	√	√	√	√	√	√	√	√
评价和评估	√			√		√		√	√	√
教育资源	√	√	√	√		√	√	√		√
领导力与管理		√	√	√		√	√	√		√
财经资源		√	√	√		√	√	√		√
IT 基础设施		√	√							
教与学	√	√	√	√	√	√	√	√	√	√
课程开发	√	√	√	√		√	√	√	√	√
学生支持	√	√	√	√		√	√	√	√	√
教职员工	√	√	√	√		√	√	√	√	√

续表

内容	中国	印度	印度尼西亚	韩国	日本	马来西亚	蒙古	菲律宾	新加坡	斯里兰卡
内部质量保证系统			√		√			√		√
研究	√	√	√	√	√	√			√	√

在日本、印度尼西亚、马来西亚、菲律宾、新加坡和斯里兰卡等国家，上表中的质量保证标准内容框架同样应用于传统高校。在蒙古，质量保证标准的内容框架只应用于传统高校，正在探索将其应用于远程教育中。在中国、印度和韩国，质量保证标准的内容框架只用于远程教育。

10 个案例国家的质量保证标准的内容框架中都包括：使命与愿景、评价和评估、教育资源、教与学、课程开发和学生支持 6 个维度。印度尼西亚质量保证标准的内容框架包括表格中 12 个维度的内容。我国质量保证标准的内容框架中不包括领导力与管理、财经资源、IT 基础设施、内部质量保证系统和研究等 5 个维度。

四、亚洲国家远程教育质量保证经验对我国的启示

亚洲国家拥有世界上最多的远程教育机构和远程学习者。[①] 面对巨大的市场需求，各国政府都鼓励大学利用现代信息技术提供在线课程，扩大服务范畴。但是，所有国家都面临一个共同的严峻挑战，即如何在降低成本、服务更多学生的同时，保证合格的质量。[②] 与传统高等教育的质量保证实践相比，亚洲国家远程教育的质量保证尚处于初始阶段。尽管亚洲各国远程教育质量保证的基本模式、组织模式、内容框架不尽相同，但以下经验仍值得我国远程教育领域借鉴：

---

① Latchem, C. & Jung, I. S. (2009). Distance and Blended Learning in Asia [M]. New York and London: Routledge.

② Jung, I. S. (2005). A Review of Policy and Practice in Virtual Education: In the context of Higher Education in S. Korea [J]. Education Studies, 47: 111−123.

1. 远程教育质量保证目的的全面性

目前，我国远程教育领域质量保证活动的目的只注重机构质量的改进，以及政府对远程教育办学情况的宏观监控。从亚洲国家的经验看，提高社会声誉是质量保证的重要目的之一。同时，在教育全球化的潮流中，提高国际社会的认可度，以及促进学校间的学分认可也应该作为我国远程教育质量保证的重要目的。

为此，我们可以从以下几个方面完善我国的质量保证体系：①吸纳国际社会远程教育质量保证标准的核心内容，完善质量保证标准；②定期向国内和国际社会发布对远程教育机构质量评估的结果；③增加评估层次，不仅要对机构进行质量评估，还要对专业建立评估制度。

2. 远程教育质量评估机构和标准的权威性与公信力

目前，我国远程教育领域质量评估活动由教育部直接组织，根据评估活动的需要，临时聘请专家参与评估活动。事实上，多数亚洲国家都成立了专门的质量认证机构，即使在新加坡，政府也是通过组建专门的司局来负责质量管理工作。为此，建议我国应尽快成立专门的机构，直接负责远程教育的质量保证工作，同时应制定和颁布国家远程教育质量保证标准。质量保证标准和质量评估活动应着眼两个层次：机构层次和专业层次。

3. 远程教育质量保证标准的科学性

我国远程教育质量保证标准的内容框架中不包括领导力与管理、财经资源、IT 基础设施、内部质量保证系统和研究等 5 个维度。在这 5 个维度中，除财经资源外，其他 4 个维度都是我国远程教育政策中反复强调的重点内容。由此，简单推理就可以看出，目前年报年检中的标准并没有全面反映我国现代远程教育发展的政策方向。这种现象非常危险，其结果是我们的两个指挥棒没有指向同一个方向，必然造成政策执行过程的折扣。

第二节 协会组织的高等远程教育质量保证标准

一、高等远程教育质量保证标准简介

1. 美国远程教育和培训委员会（DETC）评审手册

1926 年，美国远程教育和培训委员会（Distance Education and Training Council，DETC）成立，但是当时叫作国家家庭学习委员会，主要任务是提升函授教育的教育质量。直到 1994 年，才正式更名为远程教育和培训委员会。DETC 被美国教育部（Secretary of Education）和美国高等教育认证委员会（Council for Higher Education Accreditation，CHEA）授权，作为一个国家级的针对远程高等教育机构的认证组织，认证的内容包括无学历的学习以及高等教育的任何学历学习，甚至包括专业博士项目。美国远程教育和培训委员会是一个私立的、非盈利的组织，制定相关的标准，通过认证、同行评议等方式，提升远程教育的质量。

美国按照地区分布，设立了六所负责各类教育机构的资格认证与质量管理的认证机构，远程教育与培训教育委员会（Distance Education and Training Council）与这六所机构具有相同的认证资质，只是专门对远程教育进行认证，在 2014 年修订了远程教育机构的认证标准，涵盖 12 个要素，别分是机构使命与目标/教育项目的目标、课程和材料/教育服务/学生支持服务/学生成绩和满意度/所有者，理事会理事，行政人员，管理人员，师资队伍，以及职工的资质和职责和机构的信誉/招生规则和招生协议/广告、宣传，及招生人员/财政责任/学费政策，学费收集程序，学费取消或退款/设施，设备，物资，及记录保护/研究和自我改进。

美国远程教育和培训委员会提出的标准涉及机构、学生和课程三个子系统。机构子系统，包括机构使命和目标、员工和领导具有一定的资质和信誉、机构的财政、研究和自我改进；学生子系统，包括招生宣传、学生咨询与反馈、个体差异、学生无进步处理、学生对课程的评价、面对面的培训、评价、非学术性服务、学生投诉、学生成绩、学生满意度、招生、学费；课程子系统，包括课程目标、学习材料、支持课程的相关

设备和资源。该标准侧重学生的学习、课程的质量和机构的服务，但对教师在工作过程中的支持较少提及。

2. 美国高等教育政策研究所（IHEP）发布的标准

美国高等教育政策研究所（Institute for Higher Education Policy，IHEP）成立于 1993 年，是一个无党派、非营利的组织，通过发布一系列政策导向或者实践导向的研究，来引导高等政策制定者和教育领导，旨在提升高等教育的质量。该研究所希望能够帮助弱势群体获得同等的高等教育机会，并在教育中获得成功。除了发布一些高等教育政策方面的研究成果，美国高等教育政策研究所会开展评估工作，包括旨在提升教育服务的过程性评估和旨在有效性判断的总结性评估。

2000 年 4 月，美国高等教育政策研究所经过深入的调查和研究，发布了《在线教育质量：远程互联网教育成功应用的标准》报告，标准涵盖 7 个方面，分别是机构支持，课程开发，教和学，课程结构，学生支持，教师支持，评价与评估。评估标准包括 24 项。

美国高等教育政策研究所提出的标准涵盖了机构、课程和学生三个子系统。机构子系统，主要涉及的是机构对技术的管理和教师支持两个方面，技术方面包括技术实施计划、保证系统的稳定性和可靠性、在运行过程中维护管理设备和系统，教师支持包括为教师提供技术指导和技术帮助；课程子系统，主要提到了课程开发和课程结构两个方面，课程开发方面包括要依据一定的标准开发课程、课程要开展定期的检查、在课程开发中要重视学生能力的培养，课程结构方面要包括课程开始前的学习准备、为学生提供详细的课程信息、学生有足够的资源库、学生和教师协商完成作业的时间和教师的反馈；学生子系统，主要包括教学过程、学生支持和学生评价三个方面，教学过程方面包括教学过程要有交互、学生作业要有反馈、用有效的方法指导学生，学生支持方面包括向学生提供教育项目的详细信息、为学生提供技术使用培训、有技术支持和学生投诉机制，学生评价方面包括定期检查学生的学习成果、确保教学的有效性。

3. 美国课程审查专业机构 Quality Matters（QM）

Quality Matters（QM）是美国在线教育质量保证的引领者，旨在提升在线教育和学生学习的质量，是基于同行评议的方法而开展工作的，得到了国家的认可。QM 的服务包括：①同伴审查质量持续提升工作模型和流程；②为在线学习专家和教师提供专业的研讨会和认证课程；③提供针对课程设计的标准和指标。QM 的会员包括社区和技术学院、大学、中小学、政府机构、公司及其他教育相关组织。在同行评议过程中，评估者主要提供两方面的反馈，一是针对具体情况对每一条标准的打分，二是提供具体的评论和建议来帮助提升质量。在评议中，评估者需要站在学习者的视角对项目进行评议。

QM 的标准主要是从课程设计的角度出发，涵盖 8 个方面，分别是课程概述与简介，学习目标，评估和测量，教学材料，学习者互动与参与，课程技术，学习者支持，可访问性。

QM 涵盖的标准是针对课程层面的，非常详细地介绍了网络课程该符合哪些要求。课程的概述和简介，包括课程的结构、课程中所要注意的事项、网络学习的礼节、学习者的先决知识、教师和学生之间的相互介绍和认识；学习目标，包括要有明确、可测量、合理、从学生角度编写的学习目标，并且告诉学生如何达到相应的目标；评估和测量，包括有合适的评估标准和工具，并且告诉学生课程的评价结果的分级；教学材料，包括教学材料要支持学习目标的实现，要有可选材料和必选材料的区别说明，要有说明如何使用这些材料的指导；学习活动，包括要有互动，学习活动要支持学习目标的实现；课程技术，包括课程技术是易获得的、支持交互的和促进学习目标实现的，并且强调在线学习课程的导航要清晰；学习支持，包括要有一个课程指导书，明确指导如何使用技术、如何使用机构的服务和资源、如何获得学术性支持服务和非学术性支持服务；可访问性，是针对残疾学生提出的，课程要让所有人的学生都有平等的机会参与其中，包括视力有问题或者听力有问题的残疾学生。

详细研读 QM 的标准发现，学习目标是整个课程标准的核心。课程要有明确的学习目标的陈述，评估要符合既定的学习目标，学习材料要支持学习目标的实现，学习活动要支持学习目标的实现，技术要支持学习目标的实现，学习者支持要帮助学生实现实习目标。整个标准为了学习目标的实现，确保学习目标的达成。设置了各方面的资源，学习目标是整个标准的线索。而最后一个要素可访问性针对的学习公平性的问题，任何学生，无论是健康还是有障碍的学生都可获得公平的学习机会。

4. 马来西亚资质机构（MQA）发布的开放和远程学习实践标准

马来西亚资质机构（Malaysian Qualification Agency，MQA）是在2007 年 11 月 1 号成立的，由国家认证董事会（National Accreditation Board，LAN）、质量保证部门（Quality Assurance Division，QAD）和高等教育部（Ministry of Higher Education）合并而成，主要任务是负责私立和公立的高等教育质量保证。随着这个机构的建立，同时出台了马来西亚资质机构法案 2007（Malaysian Qualifications Agency Act 2007）。QMA 采用马来西亚资质框架（Malaysian Qualifications Framework，MQF）作为保证高等教育质量的根本方法，监控和审查国家高等教育质量保证实践和认证。QMA 还负责制定国家层面的标准、学分以及相关内容。

马来西亚资质机构发布的开放和远程学习实践标准（Code of Practice for Open and Distance Learning）是提供远程教育的高等教育实施机构的指导书，远程教育机构在开展远程教育项目之前，需要掌握和了解远程教育相关的知识和技能，知道如何去规划、开展和实施远程教育项目，该标准可以指导远程教育机构如何开始一个远程教育项目并且在项目开展过程中进行监控。该标准 2011 年版涵盖了九个方面，分别是愿景、使命、教学目标和学习成果/课程设计与发送/学生评价/学生选择和支持服务/教学人员/教育资源/项目检测与评价/领导和管理/持续质量改进。

马来西亚开放和远程学习实践标准涵盖学生、课程和机构三个子系统，该标准非常重视机构子系统的内容，九个要素中有六个要素是机构方面的，包括愿景、使命、教育目标和学习成果，教学人员，教育资源，项目检测与评价，领导和管理以及持续质量改进。其余的三个要素，一个是课程方面，两个是学生方面。通过整个标准的研读发现，该标准非常注重不同机构之间的交流与合作，体现在学生和教师两方面，学生方面注重学生的学分认证和互换，教师方面注重不同机构之间的教师合作交流分享。

5. 英国开放与远程学习质量委员会（ODLQC）发布的标准

英国开放与远程学习质量委员会（Open and Distance Learning Quality Council，ODLQC）于 1995 年成立，其前身是 1969 年建立的函授学院认证委员会（Council for the Accreditation of Correspondence Colleges）。最初英国开放与远程学习质量委员会是在政府的要求下建立的，该委员会受到了政府各方面的支持，同时也跟政府开展合作，而现在英国开放与远程学习委员会已经是一个独立的机构。英国开放与远程学习质量委员会的主要目的是定义和提升教育和培训的质量，保障学习者的权益。该委员会对远程教育机构或者项目的行政和教学方法、教学材料和信息公开等内容进行评审，如果符合标准，远程教育机构或项目则可以得到相应的认证；认证之后，委员会会对远程教育机构或项目进行进一步的监控，至少每三年评估一次，保障远程学习者获得好的服务。英国开放与远程学习质量委员会是专门针对远程教育而设立的一个机构，并且是官方认可的组织，而我们熟知的英国质量保障署（Quality Assurance Agency，QAA）是针对英国整个高等教育，当然也包含提供远程学习和在线学习的机构或项目。在英国，远程学习主要是由这两个机构保障质量。

英国开放与远程学习质量委员会发布的标准的第一版是在 1998 年制定的，2000 年进行了第一次修订，最新标准为 2005 年的修订版本，分为六大要素，分别是成果，资源，支持，宣传，机构，合作。

英国开放与远程学习质量委员会提出的标准涉及课程、学生和机构三个子系统。课程子系统，包括标准的第一个要素成果和第二个要素资源，第一个要素包括课程的目标、课程的材料、课程预期完成的时间等，第二个要素包括材料不能有明显错误、材料要符合学习者需要、材料中包含学习者支持的时机阐述、材料要便于学习者学习和研究；学生子系统，指的是第三个要素支持，包括给学习者的支持是符合学习者需求的、是快速及时的、是符合课程级别的、还可以提供适当的学习建议和帮助处理矛盾。英国开放与远程学习质量委员会提出的标准非常强调机构层面的制度和规定，规定机构宣传的时候要注意什么，机构本身管理的时候要注意什么，机构跟人合作的时候要注意什么。该标准注重商业化的机构运营，对其机构之间的合作和课程的售卖宣传做出了较为详细的说明。另外，由于英国有国家层面的资质架构，在远程课程学习中，该标准提出所学习的课程的级别需要跟国家层面的资质架构对接上。

6. 印度远程教育委员会（DEC）发布的远程开放学习机构的评估与认证手册

印度远程教育委员会（Distance Education Council，DEC）是英迪拉甘地国立开放大学内部的一个机构，监控开放和远程学习部门，以及负责标准的修改和制定，旨在提升整个国家的开放和远程学习系统。DEC主要提供的是技术和资金这两方面的支持，技术支持包含基础设施的建设、机构的改革、专业发展和培训、学生支持服务、计算机技术、教育质量提升体系；资金支持包含对于开放大学以及提供远程教育的机构发展的资金支持、研究经费的支持、资助个人参与国际会议和提供经费组织研讨会。

印度远程教育委员会（DEC）发布的远程开放学习机构的评估与认证手册包含六个要素，分别是基础设施和人力资源能力，教学课程及学习资源，学习者支持服务，研究、咨询及推广，管理，创新实践。

印度远程教育委员会非常注重机构方面的认证标准，六个要素中有一半是针对机构的。机构子系统，包括管理，咨询、研究和推广，基础设施和人力资源；学生子系统，包括学习支持；课程子系统，包括教学课程和学习资源。另外，印度远程教育委员会提出了创新实践。也就是说，除了远程教育基本环节的评估之外，DEC鼓励远程教育机构探索内部质量保证体系，鼓励其运用技术提升教育，鼓励与其他机构合作并协调与其他利益相关者的关系。

7. 澳大利亚开放、远程和在线学习委员会（ACODE）发布的基准

澳大利亚开放、远程和在线学习委员会（The Australasian Council on Open，Distance and e-Learning，ACODE）是澳大利亚在线学习的顶尖级的组织，主要目的是提升澳大利亚高等教育中的远程学习的政策和实践。澳大利亚的大部分大学、新西兰的所有大学以及南太平洋的大学都是 ACODE 的会员，会员每年需要交一定的会费，他们可以参与ACODE组织的研讨会，可以跟 ACODE 协商组织研讨会，接受 ACODE的评审，在 ACODE 的帮助下提升远程教育的实践和质量。ACODE 的基

准最初是在 2007 年由 ACODE 的会员大学制定，并通过英国在线学习标准和历史方面的知名咨询师 Paul Bacsich 的审核。本文显示的基准是在 2014 年 4 月修订的版本。基准的主要目的是支持在线学习的质量提升，基准关注具体的教育问题并关注机构层面的问题，如机构规划、员工发展和基础设施等问题。主要包含了八个基准（Benchmark），也可以看作八个要素，具体包括机构对远程教学的政策与监管/机构质量提升计划/信息技术系统、服务和支持/信息和通信技术的教学应用/教师有效利用技术进行教与学的专业发展/学习和教学的技术使用的教师支持/学生有效使用技术的培训/使用教育技术的学生支持。

该标准的八个要素，前两个要素是关于机构的，机构的监管和机构对质量提升的计划；第三个和第四个要素是关于设施、技术和媒体的，第三个是关于技术和系统本身，第四个是技术和媒体在教学中的应用；第五和第六个要素是关于教师的，第五个是教师的专业发展，第六个是教师工作过程中的教师支持；第七个和第八个是关于学生的；第七个是学生使用技术的培训，第八个是对学生学习过程中的各种支持。该标准总体来说注重技术在教学中的应用，从机构方面、教师方面和学生方面详细阐述如何应用技术来支持这三方面的发展。该标准重视机构和服务的持续发展，从教师和学生的需求判断出发，并在过程中评估各种技术支持下的服务，以用于进一步提升。但是该标准没有涉及课程方面的内容，比如课程开发、教学资源等内容没有列入其中。

8. 欧洲在线学习质量基金会（EFQUEL）的标准

欧洲在线学习质量基金会（European Foundation for Quality e-learning，EFQUEL）是一个针对提升教育质量的国际组织，在全欧洲范围内拥有 120 多个机构会员，为各个会员机构提供实践经验和核心问题交流的机会。欧洲在线学习质量基金会其服务包括质量服务、知识服务和培训服务。质量服务主要目的是持续提升机构的质量，保证其质量的公开和创新。在质量服务中，欧洲在线学习质量基金会会对会员机构开展专家审查，评估其课程、项目和部门，期间提供顾问服务，帮助其质量改进，这往往是获得欧洲在线学习质量委员会的认证的第一步；对职业培训和终身培训的短期课程和培训项目进行认证；对使用 ICT 的高等教育

项目进行认证；对使用 ICT 的高等教育机构进行认证。知识服务主要针对会员机构在使用新技术和新教学方法过程中遇到困难而提供的服务，比如 web2.0 在高等教育中的应用，比如如何保证开放教育实践的质量，比如如何在高等教育中使用开放教育资源，该基金会会整理各种研究报告、反思和成果，提供给会员机构。培训服务是针对质量评审、质量提升、标准、认证的课程、认证的项目、认证的机构感兴趣的实践者或者机构提供的，有三大类型的培训，包括研讨会、培训课程、内部会员分享。

欧洲大学在线学习质量标准（European Universities Quality in e-Learning，UNIQUe）是该基金会认证标准中的一个，是证明高等教育机构在教学领域使用网络和技术的优异质量的证书，在一系列自我评估和外部同行评估的过程之后，若达到标准，机构即可获得这样的一个荣誉，之后的每三年检查一次，确定是否能够保持拥有这个荣誉。标准 UNIQUe 涵盖三大方面，分别是学习教学环境，学习资源，学习过程。UNIQUe 较多关注利用 ICT 提升教学服务、学习支持，同时强调创新性以及整个系统的生态性、系统性和和谐性。利用 UNIQUe 评审完之后，机构获得的不仅仅只是一个质量证书，还会得到一系列提升机构质量的建议，机构需要根据这些建议，解决本身存在的问题，改进质量。三年后的再次评审中，会根据机构是否根据之前的建议作出改进而进行重新评判。

欧洲大学在线学习质量标准主要是针对大学在线学习项目的标准，在该标准中，课程方面的要素包括学习资源、技术和设施、供应的质量，学生方面的要素包括学生、学习评估，机构方面的要素包括在线学习和战略、创新、社区的开放性、学校员工、人力资源发展。在标准中不难看到传统学校的影子，比如其中一条标准是"所有参与课程设计和教学的员工需要有大学机构的学术头衔或者职位"。但是远程教学跟传统教学有很大差别，如果只是按照传统高校的标准来要求在线学习项目，在其质量上不能得到很好的保证，对于负责课程设计和教学的员工需要理解领会远程教育的基本规律和基本特征，而不仅仅是拥有大学机构内的职务。

除了以上这些典型的标准之外，还有一些较为典型的协会的标准。

教育电信西部合作组织（Western Cooperative for Educational Telecommunications，WCET）于 1995 年提出了电子学位及认证项目最佳实践指南，该指南共包括七类，分别是课程与教学、角色与使命、教师及其培训、学习资源、学生服务、支持服务以及评价与评估。美国八所地区性认证机构（Council of Regional Accrediting Commissions）在 2001 年发表的关于电子学位教育及认证项目的联合声明中更新了教育电信西部合作组织 1995 年所提出的指南大纲，修订为院校背景及使命、课程与教学、教师及其培训、学生支持及评价与评估。西部大学和学校联盟在 2000 年发表了《远程教育的指导方针：好的实践的原则》一文，文中提出了保证远程教育质量的五个方面：课程和教学、评价、学习资源、学生支持服务、教学设施、师资和经费。Sloan Consortium 提出了远程教育质量的五项要素[①]：学习效果、成本效益及机构使命、可获得性、教师满意度以及学生满意度。美国西部院校协会（Western Association of Schools and Colleges）在 2000 年发表的《远程教育指南良好实践的原则》[②] 中提出课程和教学、评价与评估、学习资源、学生支持服务、教学设施、师资和经费是保证远程教育质量的重要方面。美国高等教育认证委员会（Council for Higher Education Accreditation，CHEA）组织的调查显示[③]，美国的全国性和地区性认证组织在评价远程教育的质量时，主要侧重在学校使命，学校的组织结构，教学资源，课程和教学，教师支持，学生支持以及学生的学习结果七个方面。学习共同体和斯里兰卡高等教育部合作发布的现代远程高等教育机构和方案的质量保证工具包[④]，涵盖愿景、使命和计划，管理、领导力和组织文化，学习者，人力资源和培训，项目设计和开发，课程设计和开发，学习者支持，学习者评价，基础设施

---

① Sloanconsortium [EB/OL]. http：//sloanconsortium. org/publications/books/quality-framework. pdf，2014-2-5.

② Western Association of Schools and Colleges [EB/OL]. http：//www. wascweb. org/senior/guide/pgpa1. htm，2014-2-5.

③ Council for Higher Education Accreditation [EB/OL]. http：//www. chea. org/default. asp? link＝6，2014-2-5.

④ Quality Assurance Toolkit for Distance Higher Education Institutions and Programmes [EB/OL]. http：//www. col. org/PublicationDocuments/pub _ HE _ QA _ Toolkit _ web. pdf，2014-2-5.

和学习资源，研究咨询和推广服务十个要素。南非远程与开放教育协会在 *Designing and Delivering Distance Education：Quality Criteria for Distance Education in South Africa*[①] 一书中提出了从 13 个方面设立质量保证标准，具体包括：政策与规划、学习者、项目开发、课程设计、课程材料、评估、学生支持、人力资源战略、管理、合作关系、质量保证、信息传递以及教学结果。瑞典高等教育委员会（Swedish National Agency for Higher Education，SNAHE）2008 年提出了在线教育质量评估模型[②]，提出从材料内容、虚拟环境、交流、合作与交互、学生评估、灵活性与适应性、学生支持与教师支持、教师认证、理念与院校领导力、资源配置以及整体与过程要素考核在线教育项目的质量水平。韩国教育、科学与技术部在 2008 年针对开放大学特征，从六个方面提出了 95 项远程教育质量指标[③]，具体包括：教育规划（教育理念，及其与学校各项政策的整合）；教与学（教学设计、内容开发、传递与评价）；人力资源（学生、学术人员与管理人员）；物理设施（基础设施、软硬件设备）；管理以及教育结果（利益相关者的满意度以及社会认可度）。亚洲开放大学协会（AAOU）2010 年出台了质量保证的最佳实践指南[④]，从政策与规划，内部管理，学习者，基础设施、媒体与学习资源，学习者评价与评估，研究与社区服务，人力资源，项目设计与课程开发，课程设计与开发十个方面提出了质量保证标准。比如，欧洲开放大学协会为提高欧洲地区在线学习质量，出台了在线学习质量评估手册[⑤]，从战略管理、项目设计、课程设计、课程传递、教师支持、学生支持六方面设计了详细的质量保证标准。欧洲在线学习研究所（ELfEL）在 2004 年提出了在线教育

---

① Designing and Delivering Distance Education：Quality Criteria for Distance Education in South Africa [EB/OL]. http：//www. nadeosa. org. za/resources/reports/NADEOSA％20QC％20Section％201. pdf，2014-2-5.

② Swedish National Agency for Higher Education [EB/OL]. http：//www. hsv. se/download/18. 8f0e4c9119e2b4a60c800028057/0811R. pdf，2014-2-5.

③ MEST. （2008）. A report on comprehensive evaluation of cyber universities in 2008. Seoul：Korean Ministry of Education Science and Technology.

④ Quality Assurance Statements of Best Practices [EB/OL]. http：//www. aaou. net/index. php? option＝com _ content＆view＝category＆id＝29＆Itemid＝30，2014-2-5.

⑤ Quality Assessment for E-learning a Benchmarking Approach [EB/OL]. http：//www. eadtu. nl/e-xcellencelabel/default. asp? mMid＝3＆sMid＝12，2014-2-5.

质量保证标准[①]，从在线学习的结果、过程与实践以及输入与资源三个要素提出了 22 项具体的质量保证标准。英国开放大学的质量保证六要素为系统设计，课程的设计、验收与检查，课程的发送，学生发展与支持，学生交流与表达，学生评价。

二、协会组织的远程教育质量保证标准比较分析

从国家或协会的质量保证标准来看，标准的用途不同，其具体的标准项也会有所差异。美国课程审查专业机构 QM 主要是审查其会员机构的在线教育课程，而至于机构管理是否有效，是否有合适的教师聘用制度等问题，不是该标准所关注的范畴。欧洲在线学习质量基金会发布的欧洲大学在线学习质量标准针对的是大学的在线学习质量标准，其具体标准在一定程度上体现了大学现有的制度特征，要求远程教师需要有跟传统大学一样的级别和职务，学生的学习质量要跟传统大学一样严格。

对以上国家或协会的质量保证标准进行总结和分析，可以得到三个子系统的质量管保证关键点，分别是机构子系统质量保证关键点（如表 3-3 所示）、课程子系统质量保证关键点（如表 3-4 所示）和学生子系统质量保证关键点（如表 3-5 所示）。

表 3-3　机构子系统的质量保证关键点（基于国家或协会的标准）

关键点	DETC	IHEP	QM	MQA	ODLQC	DEC	ACODE	EFQUEL
机构组织						√	√	√
合作				√		√		√
使命和目标	√			√	√	√		√
领导资质	√			√		√		
员工资质	√			√	√	√		
财政	√		√	√		√		√

---

① Open eQuality Learning Standards ［EB/OL］. http：//www.eife-l.org/publications/quality/oeqls/intro，2014-2-5.

续表

关键点	DETC	IHEP	QM	MQA	ODLQC	DEC	ACODE	EFQUEL
技术实施计划	√	√					√	
教师招聘				√				
教师工作支持		√		√			√	√
教师专业发展	√			√		√		
教师研究	√					√		√
学生研究						√		
质量保证机制	√			√	√	√		
机构评估							√	
持续改进				√	√			

表 3-4　课程子系统的质量保证关键点（基于国家或协会的标准）

关键点	DETC	IHEP	QM	MQA	ODLQC	DEC	ACODE	EFQUEL
设施和媒体	√			√				
软件系统	√		√			√		√
课程目标	√	√	√		√	√	√	√
学习内容	√	√		√		√		√
学习材料	√	√	√		√	√		√
课程结构	√		√	√				
课程发送	√							√
课程开发		√		√				√
课程更新								√

表 3-5　学生子系统的质量保证关键点（基于国家或协会的标准）

关键点	DETC	IHEP	QM	MQA	ODLQC	DEC	ACODE	EFQUEL
招生活动	√				√			
宣传材料		√			√			
学生隐私				√	√			√
学费	√							√
学习过程跟踪	√						√	
学习反馈	√					√		√
学习技能培训		√		√	√			√
学术支持			√		√			√
教学互动		√	√				√	
学生管理	√		√		√	√		√
技术支持	√		√				√	√
学生投诉	√	√						
学习评价	√		√	√	√	√	√	√
学分转换				√	√			√
毕业生追踪				√				√

　　根据表 3-3、表 3-4 和表 3-5 得到协会组织的标准质量保证关键点（如图 3-1 所示）。机构子系统包括使命和目标、合作、组织结构、教学实施计划、技术实施计划、领导层、员工、学术活动、教师支持、教师发展、教师研究、财政、持续改进、内部质量保证制度和外部评审；课程子系统包括设施和媒体、软件系统、学习材料、课程目标、学习内容、课程结构、课程发送、课程开发和课程更新；学生子系统包括招生活动、宣传材料、学费、学生隐私、学习过程追踪、学习反馈、学习技能培训、教学活动、学生管理、学术支持、技术支持、学习评价、学生投诉、学分转换和毕业生追踪。

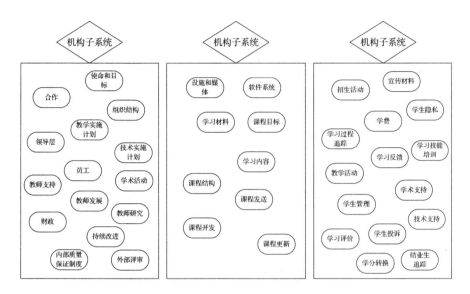

图 3-1 机构子系统、课程子系统和学生子系统质量保证关键点

（基于协会组织的标准）

第四章
中国高等远程教育质量保证标准研究

第一节　中国高等远程教育质量保证标准制定过程简介

标准的制定基于三个认识论基础：①质量保证实践是提高高等远程教育质量水平和质量声誉的关键；②质量保证标准的构建应该在借鉴国际经验的基础上，体现中国国情和实践现状；③不同远程教育利益相关者对质量保证的观点是有区别的，所以应考虑多方远程教育利益相关者，比如学生、远程教育各类工作人员、管理者、专家等。所以在标准的构建中，既借鉴了国际经验，也体现了中国实际，并考虑了多个利益相关者的观点。

第一阶段标准草案制定时，参考了国际上一些国家或协会的标准、其他国家机构层面的质量保证标准和模式，考虑了中国远程教育发展至今的问题及薄弱环节、中国其他高等教育形式的评估标准、中国远程教育机构层面的质量保证标准和模式；第二阶段标准初稿制定时，邀请了国内的远程教育专家和国外的远程教育专家。第一阶段和第二阶段均体现了借鉴国际经验和考虑中国实际这两个认识论基础。基于前两个阶段的成果，第三阶段收集各个远程教育利益相关者对标准重要性的判断，体现考虑多个利益相关者的观点这一认识论基础。

第一阶段：文献和资料整理，形成高等远程教育质量保证标准草案

此阶段在界定研究问题的基础上，分析与远程教育质量保证相关的概念，如"远程教育质量""远程教育质量保证""标准、要素、标准项"

等。除了概念界定，该阶段综述了三大方面内容：①分析中国远程教育发展中的问题以及目前的薄弱环节，这些薄弱环节恰恰是要在标准的构建中着重考虑的部分，这部分的分析可以使得构建的标准更加符合中国实际；②分析远程教育的基本规律和基本特征，充分考虑远程教育与传统教育的区别，远程教育的基本规律需要在标准的制定中体现出来；③整理标准构建的参考资料，包括远程教育质量保证要素研究的文献、国内其他高等教育形式的评估标准、其他国家或协会的标准、远程教育机构层面的标准和模式。基于这几部分文献分析，构建高等远程教育质量保证标准草案。

第二阶段：专家修订，形成高等远程教育质量保证标准初稿

邀请国内外远程教育领域专家，对第一阶段形成的高等远程教育质量保证标准草案进行三轮修订，形成高等远程教育质量保证标准初稿。第一轮邀请了北京师范大学的六位远程教育领域的专家，第一轮中通过与专家的多次交谈和修改，确定了修改意见；第二轮邀请了美国印第安纳大学教育学院的教授 Daniel Hickey 和 Curtis Bonk，他们对远程教育和在线教育都颇有研究；第三轮邀请了 13 位专家参与了对标准草案的修订，专家来自远程教育办学机构、行政机构和行业组织，包括 3 所普通高校网络教育学院（北京交通大学、中国石油大学、福建师范大学）、1 所非试点普通高校（辽宁中医药大学）、3 所开放大学（国家开放大学、北京开放大学、上海开放大学），以及教育行政部门（教育部职成司远程与继续教育处）和远程教育行业组织（全国高校现代远程教育协作组）等机构。

第三阶段：收集远程教育各个利益相关者对标准重要性的观点，修订标准形成标准终稿

研究的第三阶段，在第二阶段形成的标准初稿的基础之上形成问卷，调查高等远程教育一线工作人员和高等远程教育学生对质量标准重要性的判断。问卷采用李克特五点量表，问卷信度和效度检验之后，大范围发放到全国各个远程教育机构，收集远程教育各个利益相关者对标准的重要性判断。问卷发放覆盖全国六大地区、两种类型远程教育机构、十种远程教育相关角色。调查研究采用的抽样方法为分层随机抽样。中国主要分为以下六个地区，分别是华北、东北、华东、中南、西南、西北，电大和网院在各个地区均有分布。分别对电大和网院分地区按比例进行抽样，每个地区抽取其中 1/4 的机构。对于网院，华北地区抽取 5 所，东北地区抽取 2 所，华东地区抽取 4 所，中南地区抽取 3 所，西南地区抽取 2 所，西北地区抽取 1 所；对于省级电大，华北地区抽取 1 所，东北地区抽取 2 所，华东地区抽取 2 所，中南地区抽取 2 所，西南地区抽取 1 所，西北地区抽取 1 所。总共抽取 26 个网院教育机构。调查对象为学生和教职工两大类角色，教职工又可以分成 9 种角色，分别是管理层、招生人员、教务人员、主讲教师、辅导教师、教学设计人员、课程资源建设人员、技术支持人员和研究人员，因此参与调查的角色共有 10 种。一般情况下，机构有 50～100 人教职工，而学生总数约为 4 万人，按人口普查的比例 0.3% 来算，每个机构选择 120 人学生，因此每个机构抽取 120 人左右的学生和 50 人左右的教职工。

在该阶段，和调查研究并进的一个研究步骤是通过专家排序法得到不同角色在各个要素上的权重。调查得到不同角色对每条标准项的重要性评分，专家排序法得到各角色在不同要素中的权重，从而可以得到每条标准项的加权平均值，加权平均值是标准修订的重要依据之一。专家排序法中，选择了 10 位专家，均是来自于远程教育领域的资深专家，2 位专家来自加拿大阿萨巴塞卡大学，1 位专家来自于北京交通大学，1 位专家来自于北京大学，4 位专家来自于北京师范大学，另外有 2 位是来自一线实践的专家。

第四阶段：统计分析，修订标准初稿，形成高等远程教育质量保证标准终稿

研究第四阶段的主要任务是统计分析，修订标准，形成高等远程教育质量保证标准终稿。问卷通过纸质问卷和网络问卷两种形式发放。纸质问卷发放 3740 份，回收 3148 份，纸质问卷回收率为 84.2%，其中有效问卷为 2172 份，纸质问卷样本有效率为 68.996%。网络问卷总共回收 2930 份，有效问卷为 2076 份，网络问卷样本有效率为 70.9%。纸质问卷和网络问卷总共回收的有效问卷数为 4248 份。

问卷数据分析采用专门的统计分析工具 SPSS 进行统计分析，辅以

EXCEL进行基本数据统计。问卷数据分析有两大目的：①修订标准，形成高等远程教育质量保证标准终稿。基于该目的，进行验证性因素分析和加权平均值分析。因素分析得到每条标准项对要素的解释程度，对解释程度低的标准项进行删除。通过问卷得到每种角色对标准项的打分，结合专家排序法得到的权重算出加权平均值，综合判断每个标准项的重要性。②形成标准定制应用的参考工具。按角色、人口学特征、机构和地区进行分析，找出不同标签的群体重视的标准项和要素，形成标准定制应用的工具，为标准在不同环境下的使用或制定提供参考和依据。

第二节 关键步骤一：基于文献制定标准草案

国内具有代表性的远程教育要素说是来自丁兴富的远程学习圈（如图4-1所示）①。丁兴富等人从教学三要素（教师、教材和学生）出发，

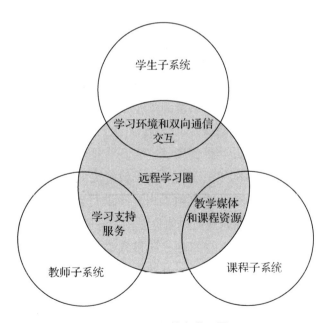

图 4-1 远程教育学习圈

---

① 丁兴富，吴庚生．（2006）．网络远程教育研究［M］．北京：清华大学出版社．

认为远程教育在教学三要素的基础之上发生了扩展和重组，在传统教学中资源主要是指教材，而在远程教育中，资源包括课程资源（内容和媒体）。因此，在远程教育中有三大系统，分别为学生子系统、教师子系统和课程子系统，学生、教师和课程三个子系统相互作用的时空区域，即远程教育系统中学生、教师和资源三个要素相互作用的时空区域。教师子系统提供学习支持服务，课程子系统提供教学媒体和课程资源，学生子系统包括教学过程和交互。

凯伊和鲁姆波尔在 1981 年的时候提出了他们对远程教育系统的划分①（如图 4-2 所示），他们认为远程教育主要包含了四个系统，分别是学生子系统、课程子系统、管理子系统和后勤子系统，学生子系统包括学生招生注册工作、课程教学和辅导、学习评价；课程子系统包括课程设计与制作、课程发送；管理子系统包括决策、规划、管理、控制等；后勤子系统包括分配、维持和支持。课程子系统支持学生子系统的运行，为学生提供学习材料，管理子系统支撑课程子系统和学生子系统的运行，后勤子系统则为另外三个子系统提供服务和保证。

国内具有代表性的远程教育要素说是来自丁兴富的远程学习圈，丁老师提出远程教育可划分为学生子系统、课程子系统和教师子系统。在该系统划分中，以学习者为中心，关注学生的学习，课程子系统为学生学习提供媒体和资源，教师子系统为学生学习提供学习支持服务。在远程教育领域，教师跟传统意义上的教师有较大区别，教师是一个团队，有人负责授课、有人负责学生答疑、有人负责技术支持、有人负责课程设计、有人负责课程制作……而为了确保教师之间有效配合，需要有合理的机构分工和组织结构，对教师工作过程进行支持。因此，教师子系统对学生的支持不仅仅是教师层面的事情，涉及机构的方方面面。

凯伊和鲁姆波尔认为远程教育主要包含了四个系统，分别是学生子系统、课程子系统、管理子系统和后勤子系统，学生子系统包括学生招生注册工作、课程教学和辅导、学习评价；课程子系统包括课程设计与制作、课程发送；管理子系统包括决策、规划、管理、控制等；后勤子

① Kaye, A., & Rumble, G. (Eds.). (1981). Distance teaching for higher and adult education (Vol. 342). London: Croom Helm.

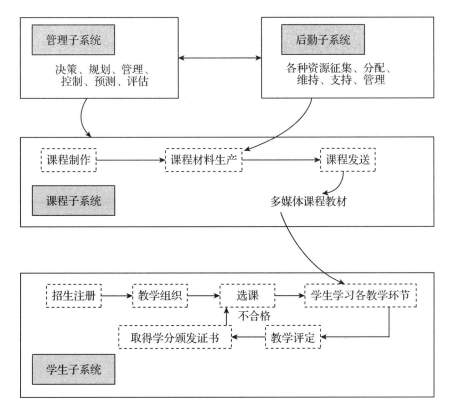

图 4-2 凯伊和鲁姆波尔的远程教育系统划分

系统包括分配、维持和支持。而管理子系统和后勤子系统都是机构方面的问题，所以凯伊和鲁姆波尔的分类也可以归成三大类：学生子系统、课程子系统和机构子系统。

基于丁兴富的学习圈及凯伊和鲁姆波尔的系统划分，笔者将远程教育系统划分成学生子系统、课程子系统和机构子系统（如图 4-3 所示）。学生子系统包括从招生、教学过程、学生评价到学生毕业的环节，课程子系统包括课程设计与开发、支持课程开展的设施和媒体，机构系统包括系统设计、机构管理、质量保证、人力物力的支持等内容。

根据凯伊和鲁姆波尔在 1981 年提出的远程教育系统划分和丁兴富的学习圈可以总结出，机构 **图 4-3 远程教育系统划分**

子系统中，需要有前期的机构资质、教学系统设计，需要过程中的行政管理、教师支持、质量保证机制，并以研究来促进机构的发展；课程子系统包括课程设计与开发、支持课程开展的基础设施，学生子系统包括从招生、教学过程、学生评价到学生毕业的环节。因此，远程教育质量保证要素为机构子系统的教学系统设计、机构资质、行政管理、教师支持、研究和质量保证，课程子系统的基础媒体、课程设计和开发，学生子系统的招生宣传、教与学、学习支持、评价和结果（如图4-4所示）。

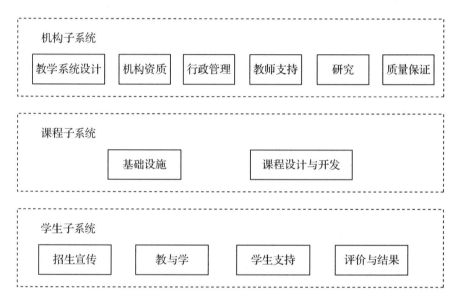

图4-4 高等远程教育质量保证要素

基于质量要素文献形成的质量保证关键点、中国其他高等教育形式的质量保证关键点、远程教育机构层面的质量保证关键点和其他国家或协会的质量保证关键点，进行分析归纳，将关键点整合于各个要素，形成高等远程教育质量保证标准框架草案（如表4-1所示）。

表 4-1　高等远程教育质量保证标准框架

系统	要素	关键点
机构	教学系统设计	专业设置，组织机构，合作
	机构资质	使命、目的和目标，国际或国家认证，领导层，员工资质
	行政管理	机构政策，财政
	教师支持	教师招聘，教师工作过程支持，专业发展
	研究	研究支持，教师研究，学生研究
	质量保证	质量保证政策和机制，机构评估，质量持续改进
课程	基础设施	软硬件设备，技术，媒体
	课程设计和开发	课程目标，课程结构，课程开发机制，课程更新机制
学生	招生宣传	宣传材料，招生活动，学费，隐私
	教与学	学习过程追踪，学习反馈，学习技能培训，交互，技术支持
	学生支持	技术支持，学生管理，学生投诉
	评价与结果	学生评价，学分转换，学生评价标准，毕业生追踪

在高等远程教育质量保证标准框架的基础之上，详细研读了高等远程教育质量保证标准草案构建的主要参考资料包括美国远程教育和培训委员会（DETC）评审手册、美国高等教育政策机构（IHEP）发布的标准、美国课程审查专业机构（QM）的标准、马来西亚资质机构（MQA）颁布的开放和远程学习指导手册、英国开放与远程学习质量委员会发布的标准（ODLQC）、印度远程教育机构（DEC）发布的远程开放学习机构的评估与认证手册、澳大利亚远程和在线学习委员会（ACODE）发布的基准、欧洲在线学习质量委员会（EFQUEL）的标准以及我国政府发布的一些关于教育和远程教育的政策文件。笔者综合这些资料，在高等远程教育质量保证标准框架的基础之上形成了高等远程教育质量保证标准草案（如表 4-2 所示）。

表 4-2　高等远程教育质量保证标准草案

编号	基本内容
机构子系统	
1	教学系统设计
	1）依据社会需求灵活设置专业，社会对此专业或专业领域的人才需求旺盛。 2）设置的专业需是机构的主干专业或特色专业，在全国或本区域具有优势地位。 3）专业人才培养规格和教学基本要求符合国家同层次同类专业的标准。 4）制订了完备的教学实施计划，教学团队及支持服务人员满足需求，并能根据实际教学情况调整。 5）培养目标和人才培养规格符合在职成人学生的需求和特点。 6）内部管理体制完善，组织架构合理，部门之间职责明确，相互配合。 7）明确机构和学习中心的合作事项，明确职责和分工。 8）合作渠道和合作模式多元化，机构要加强与用人单位、地方政府、行业企业等在资源建设、人才培养等方面的合作。
2	机构资质
	9）机构办学理念先进，使命和目标明确，体现机构优势和特色，体现社会需求和教育发展趋势。 10）机构必须通过有关部门或机构的资格审批，并定期参与评估。 11）领导团队务实、决策力强，工作人员都达到规定的任职资格。 12）建立了员工可持续发展的培训机制，通过提高员工业务素质来不断提升办学服务水平。
3	行政管理
	13）机构对办学有明确的定位和规划，并制定了相应的政策予以保障。 14）机构须有充足的经费支持，能满足各部门各类活动的资金需求，可以向学生提供优质的教育服务。 15）经费管理制度完善，预算机制完备，并有完备的内部和外部审计制度。 16）机构能够对机构发展、办学规模、质量、结构和设备进行有效的资金分配。

编号	基本内容
4	教师支持
	17）建立了数量充足、机构合理、满足需求的师资队伍，确保生师比合理。
	18）机构对主讲教师、辅导教师和其他工作人员有设立聘任标准和选拔程序。
	19）对教师的教学进行全程评估，并将评估结果及时反馈给教师，以利于其教学改进。
	20）对主讲教师、辅导教师和工作人员工作过程中遇到的困难提供技术支持或教育援助。
	21）机构对主讲教师、辅导教师和其他工作人员设有福利（如财政资助和医疗保障）。
5	研究
	22）对教职员工的研究与学术活动有明确要求，鼓励教职员工进行学术研究。
	23）对研究所需的基本办公设备、资金、政策等给予支持。
	24）应用研究活动产生的研究成果，与教学活动紧密联系起来，并互相促进。
	25）鼓励学生开展学术研究活动，并给予学术和资金上的支持。
6	质量保证
	26）建立机构内部质量评价机构和质量保证机制，能够对办学质量进行定期评估和及时反馈，并制定奖惩制度确保持续改进。
	27）针对办学各个环节编制质量保证手册，制定并公开了机构内部质量保证标准和指标。
	28）定期开展学生、教师、用人单位等利益相关者的满意度调查，吸纳建议并及时改进。
	29）机构定期接受外部评审机构的认证、评估，并根据结果及时改进。
课程子系统	
7	基础设施和媒体
	30）机构拥有足够的软硬件基础设施，以保证使命和目标的达成，支持它的计划和未来发展。
	31）机构有设施、设备建设的明确计划，并能够根据需求不断更新升级，满足教学和管理的需求。
	32）网络、媒体环境运行可靠稳定，有完善的信息安全措施。
	33）有独立的教学管理系统。

续表

编号	基本内容
8	课程设计和开发
	34）课程开发有明确的指导方针、建设机制和流程规范。 35）以经济社会发展、学习者需求为出发点设计课程材料。 36）形成完善的课程审核机制，课程材料要定期检查，并运用有效的程序和方法周期性地更新课程内容，以确保课程质量。 37）课程目标明确，学习内容完整，结构合理，适合学习者的学习特点和学习习惯，能促进学习者研究和学习技能的发展。 38）课程中有交互活动设计（如协作学习、基于问题、案例的学习）。 39）在线课程材料要依靠可靠的技术便捷地传送，技术标准要适当，以方便获取。
	学生子系统
9	招生宣传
	40）机构所有的宣传材料，必须真实有效且符合有关规定。 41）所有的宣传材料必须由机构统一管理，不能由助学机构擅自印发。 42）机构招生政策、要求和活动必须要完全符合相关规定和要求。 43）体系提供方式和途径利于学生和相关人员获取。 44）确保学生的信息安全不被泄露。 45）资料要提供入学要求、学费、技术与支持服务等详细信息。
10	教与学
	46）为学生提供学术性支持服务，如答疑、辅导、作业批改等支持服务，及时帮助学生解决学习中的问题。 47）课程教学目标及学习要求明确，尤其对学习者的学习能力提出明确要求。 48）教学过程中采取的教学方法、教学组织模式、提供的学习材料和支持服务对实现学习目标是有效的。 49）推进现代教育技术在教学中的应用，适应不同学生的学习要求，采用混合式教学模式。 50）设计并通过多种方式促进教学过程中师生之间、生生之间的互动，并能提供满足需求的支持。 51）为学生提供有效的学习技能培训，包括应用软件、学习管理系统、图书馆系统、移动技术的使用，包括时间管理、自主学习技能等。

编号	基本内容
11	学生支持
	52）为学生提供管理性支持（如及时、准确的入学注册、学籍管理、信息管理等服务）。
	53）机构对学生提供媒体、技术支持（如运行 24/7 服务台），及时解决学习中的技术问题。
	54）激励并支持有困难的学生，为学生提供资金援助、心理支持、就业咨询服务等。
	55）有健全的投诉机制和便捷的投诉渠道，以保障学生的权益。
12	评价与结果
	56）制定了与学习目标相对应的科学的、公平的学习评价标准。
	57）向学生公开学习评价标准、评价制度，并向学生提供学习评价的咨询和指导。
	58）采用过程性评价和总结性评价相结合的方式评价学生的学习，并能对学生的学习进行记录。
	59）建立过程性评价结果的反馈机制，帮助学生及时改进学习。
	60）实施各类学习成果的认证、积累和转换，方便学生学习。
	61）定期调查用人单位和社会对学生学习后的工作能力、业务能力的认同程度。

第三节　关键步骤二：专家修订形成标准初稿

基于高等远程教育质量保证标准草案（如表 4-2 所示），对标准进行三轮修订，第一轮邀请了北京师范大学的六位远程教育领域的专家，第一轮中通过与专家的多次交谈和修改，最终确定了修改意见；第二轮邀请了美国印第安纳大学教育学院的教授，他们对远程教育和在线教育都颇有研究；第三轮邀请了 13 位专家参与了对标准初稿的修订，专家来自 3 所普通高校网络教育学院（北京交通大学、中国石油大学、福建师范大学）、1 所非试点普通高校（辽宁中医药大学）、3 所开放大学（国家开放大学、北京开放大学、上海开放大学），以及教育行政部门（教育部职成司远程与继续教育处）和远程教育行业组织（全国高校现代远程教育协作组）等机构。

第一轮专家修订意见如下：

√ 专家认为教学系统设计和行政管理两个要素的内容有些混乱，在现有的要素中，教学系统设计包含专业设置、组织结构和合作，行政管理涉及机构的政策和财政。专家建议单独设置一个要素为专业设置，其他内容整合成一个要素，改名为组织管理，也就说组织管理包含组织结构、合作、财政等内容。

√ 根据中国远程教育实践情况，专家建议将教师支持表达为师资队伍，更利于一线实践人员的理解。

第二轮专家修订意见如下：

√ 在标准草案中，把学生支持基本定义为非学术支持，也就是除了学生学习支持之外的所有支持。但事实上，学生支持是一个较为宽泛的概念，其包含学术支持和非学术支持，要素学习支持与要素教与学的标准项难以完全区分的清楚，建议将学生支持和教与学两个要素合并，合并成学生支持与学生管理。

√ 制定的标准应当符合中国实际的远程教育现状，建议多与中国远程教育一线工作人员开展沟通，有利于标准的制定。

第三轮专家修订意见如下：

√ 针对师资队伍这一项要素，专家提出，建议将教师的评估和教师的福利挂钩，提升教师对评估的重视程度，将19）和21）整合成建立完善的师资考核标准和机制，定期对教师进行评估并建立奖惩机制。

√ 在目前中国的高等远程教育中，没有研究生参与其中，所以不涉及学生做研究的问题，建议删除在研究这一要素下的"鼓励学生开展学术研究活动"；对于研究内容，需要强调对远程教育本身规律、学生、新媒体和质量保证进行研究，因此在研究这一要素下加一条"重视对学生、新媒体、质量保证以及远程教育教学规律等的研究"。

√ 在基础设施这一要素中，提及了教学管理系统，但是较为简略和笼统，建议表述为"有符合标准的完善的教学管理平台和系统，方便师生使用，确保运行稳定、流畅"。

√ 在课程设计和开发这一要素中，"以经济社会发展、学习者需求为出发点设计课程材料"和"课程目标明确，学习内容完整，结构合理，适合学习者的学习特点和学习习惯，能促进学习者研究和学习技能的发展"，重复提到要以学习者为中心设计课程材料，建议去掉一条标准。

√ 在招生宣传这一要素中，"机构所有的宣传材料，必须真实有效且符合有关规定"和"机构招生政策、要求和活动必须要完全符合相关规定和要求"都提到了必须符合相关规定，建议删除后一条标准。

√ 在评价与结果这一要素中，"定期调查用人单位和社会对学生学习后的工作能力、业务能力的认同程度"与质量保证要素中"定期开展学生、教师、用人单位等利益相关者的满意度调查，吸纳建议并及时改进"有重复，建议去掉评价与结果这一要素中的这条标准。对于学习结果的认证、积累和转换，是学习管理制度，建议将这一条标准放置在学习支持与学生管理要素下。

√ 在标准的语言表达上存在一些专家难以理解的部分，建议对要素、标准重新进行文字修改，使其更适合中文语言逻辑和国人表达习惯。

　　整合三轮专家的反馈意见，对高等远程教育质量保证标准草案（如表 4-2 所示）进行修订，形成高等远程教育质量保证标准初稿（如表 4-3 所示）。

表 4-3　高等远程教育质量保证标准初稿

要素	标　　准
办学资质	1. 办学理念先进，使命和目标明确，人才培养定位科学合理，体现机构优势和特色，符合远程教育发展趋势和经济社会发展要求。
	2. 机构通过了有关部门或机构的资格审批。
	3. 领导团队务实、决策力强，工作人员都达到规定的任职资格要求。
	4. 建立了员工可持续发展的培训机制，通过提高员工业务素质来不断提升办学服务水平。
组织管理	5. 内部管理体制完善，组织架构合理，部门之间职责明确，相互配合。
	6. 机构和助学机构职责明确，对助学机构有完善的管理制度，以确保服务质量。
	7. 有完善的经费管理制度和内外部审计制度。
	8. 合作渠道和合作模式多元，能够与地方政府、行业企业、其他办学机构以及专业公司在资源建设、人才培养等方面进行合作。

续表

要素	标 准
师资队伍	9. 建立了数量充足、结构合理、满足需求的师资队伍，确保生师比合理。
	10. 制定了严格的师资聘任标准和合理的选拔机制。
	11. 建立了完善的师资考核标准和机制，定期对教师进行评估并建立了奖惩制度。
	12. 能够为主讲教师、辅导教师和工作人员在工作过程中遇到的困难提供充分、及时的支持。
基础设施	13. 具有支撑机构教育服务的网络设施、仪器设备和媒体工具等软硬件条件。
	14. 有设施、设备、媒体工具的建设规划，能够根据需求不断更新升级。
	15. 有符合技术标准的完善的教学管理平台和系统，方便师生使用，确保运行稳定、流畅。
	16. 网络、媒体环境运行可靠稳定，有完善的信息安全措施。
招生宣传	17. 招生宣传材料真实有效，无虚假模糊信息并符合相关规定。
	18. 宣传资料由机构统一管理，不能由助学机构擅自印发。
	19. 资料提供专业、课程、培养目标、学分要求等方面的详细信息。
	20. 资料提供入学要求、学费、技术与支持服务等方面的明确信息。
	21. 信息提供方式和途径利于学生和相关人员获取。
专业建设	22. 专业设置符合社会需求，体现机构优势和特色，并建立了专业评估及动态调整机制。
	23. 培养方案内容完整，详细说明专业培养目标、人才培养规格、基本学制及修业年限、毕业标准及授予学位、课程设置、教学方式、课程教学大纲等内容。
	24. 专业培养目标和人才培养规格符合在职成人学生的需求和特点。
	25. 培养方案中的课程设置及结构关系科学，确保人才培养目标的实现。
课程设计与开发	26. 课程开发有明确的指导方针、建设机制和流程规范。
	27. 课程目标明确，学习内容完整，结构合理，学习指导详细。
	28. 课程中有交互活动设计（如协作学习，基于问题、案例的学习）
	29. 合理运用丰富的多媒体资源和工具，符合相关技术标准，具有较强的兼容性、开放性。
	30. 建立了完善的课程审核机制和定期更新机制。
学习支持与学生管理	31. 为学生提供学术性支持服务，如答疑、辅导、作业批改等支持服务，及时帮助学生解决学习中的问题。
	32. 为学生提供有效的学习技能培训，包括学习管理系统使用、自主学习技能、时间管理等，培养学生的自主学习能力。

续表

要素	标　　准
学习支持与学生管理	33. 为学生提供媒体、技术支持，及时解决学习中的技术问题。
	34. 采用合适的技术，通过多样化的渠道，促进师生之间、生生之间的互动。
	35. 为学生提供管理性支持（如及时、准确的入学注册、学籍管理、信息管理等服务）。
	36. 建立了灵活开放的学习管理制度，实施各类学习成果的认证、积累和转换，方便学生学习。
	37. 激励并支持学习有困难的学生，为学生提供资金援助、心理支持、就业咨询等服务。
	38. 有健全的投诉机制和便捷的投诉渠道，以保证学生的权益。
学习评价	39. 向学生公开学习评价标准、评价制度，并向学生提供学习评价的咨询和指导。
	40. 制定了与学习目标相对应的科学、公平的学习评价标准。
	41. 采用过程性评价和总结性评价相结合的方式评价学生的学习，并将结果及时反馈给学生。
	42. 建立过程性评价结果的反馈机制，帮助学生及时改进学习。
	43. 建立学习评价分析、总结报告和反馈制度，为加强教学、管理和服务工作提供依据。
内部质量保证	44. 建立了机构内部质量管理机构和质量保证机制，对办学质量进行定期评估和及时反馈，并制定奖惩制度确保持续改进。
	45. 针对各个办学环节编制质量手册，制订并公开了机构内部质量保证标准和指标。
	46. 定期开展学生、教师、用人单位等利益相关者的满意度调查，吸纳建议并及时改进。
	47. 定期接受外部评审机构的认证、评估，并根据结果及时改进。
学术研究	48. 重视对学生、新媒体、质量保证以及远程教育教学规律等的研究。
	49. 建立激励机制，鼓励教职员工进行研究。
	50. 对研究所需的基本办公设备、资金、政策等给予支持。
	51. 有良好的教学、科研互动机制，能及时将研究产生的成果应用到教学实践中，推动机构的可持续发展。

第四节　关键步骤三：远程教育利益相关者
标准重要性判断调查

调研远程教育各个利益相关者对质量标准的观点，包括两大类利益相关者，一是代表机构的远程教育机构工作人员，二是跟质量最直接相关的群体学习者。为了确定远程教育机构的工作角色，访谈了北京师范大学网院教育学院、北京语言大学网院教育学院、北京开放大学、北京邮电大学网院教育学院和中国石油大学网络教育学院等多家网院教育机构的管理层和一线工组人员，最终确定了机构工作人员主要有 9 种角色，分别是管理层、招生人员、教务人员、主讲教师、辅导教师、教学设计人员、课程资源建设人员、技术支持人员和研究人员。因此，本次调查涉及 9 种机构工作角色和学生，一共 10 种角色。

一、调查实施方案

中国按区域划分为以下六个地区，分别是华北、东北、华东、中南、西南、西北，网院在各个地区均有分布，华北地区 20 所，东北地区 8 所，华东地区 16 所，中南地区 11 所，西南地区 8 所，西北地区 5 所（如图4-5所示）。

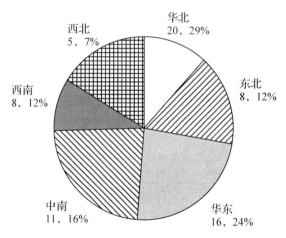

图 4-5　中国网络教育学院分布示意图

（一）网络教育机构抽样

每个地区，选取四分之一左右的网院进行问卷发放，网院总数为 68 所，所以取样网院数为 16 所左右。华北地区取样数为 5 所，东北地区 2 所，华东地区 4 所，中南地区 2 所，西南地区 2 所，西北地区 1 所（如表 4-4 所示）。

表 4-4　网络教育机构取样

区域	试点高校总数	取样的网络教育机构
华北	20	北师大网院 北邮网院 北语网院 北医网院 交大网院
东北	8	东北财经大学网院 东北大学网院
华东	16	江南大学网院 浙江大学网院 福建师范大学网院 山东大学网院
中南	11	华中科技大学网院 华南理工大学
西南	8	四川大学网院 西南科技大学网院
西北	5	西安交大网院

（二）广播电视大学抽样

省级电大总数为 44，华北地区 5 所，东北地区 7 所，华东地区 10 所，中南地区 10 所，西南地区 5 所，西北地区 7 所（如图 4-6 所示）。

每个地区，选取四分之一左右的电大进行问卷的发放，取样的电大总数为 10 所。具体抽样电大如表 4-5 所示，华北地区 1 所，东北地区 2 所，华东地区 2 所，中南地区 2 所，西南地区 1 所，西北地区 2 所。

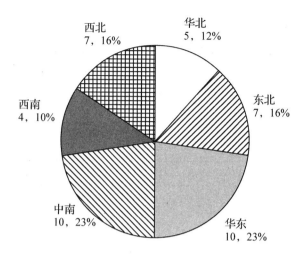

图 4-6　中国省级广播电视大学分布示意图

表 4-5　广播电视大学取样

区域	区域电大数	取样的电大
华北	5	北京电大
东北	7	黑龙江电大 哈尔滨电大
华东	10	江苏电大 安徽电大
中南	10	广东电大 江西电大
西南	4	贵州电大
西北	7	西安电大 新疆电大

二、调查工具

1. 调查问卷的编制

本研究所建构的高等远程教育质量保证标准初稿包含 11 个一级要素（要素）、51 个二级要素（标准项），在此基础上编制试测问卷。试测问卷由 52 道题目构成（其中："办学资质"要素 4 道；"组织管理"要素 4 道；"师资队伍"要素 4 道；"基础设施"要素 4 道；"招生宣传"要素 5 道；

"专业建设"要素 4 道；"课程设计与开发"要素 5 道；"学习支持与学生管理"要素 8 道；"学习评价"要素 5 道；"内部质量保证"要素 4 道；"学术研究"要素 4 道；测谎题 1 道）。

问卷采用里克特五级评分量表形式，从"非常不重要"到"非常重要"，计 1 到 5 分（1＝非常不重要，2＝不重要，3＝无法判断，4＝重要，5＝非常重要）。设置 1 道测谎题，在进行统计分析的过程中通过测谎题更为精确地排除不符合要求的样本。

2. 问卷效度

问卷初稿制订完之后，邀请专家对问卷的效度进行检验，通过研究人员与专家的反复讨论，对某些可能会引起作答人员误解的词或语句进行修改，确保问卷内容效度。这里的专家并不只是传统意义上的研究者，而是跟远程教育相关的各种角色，其中包括学生 2 名，研究者 4 名，远程教育一线工作人员 2 名。专家针对问卷初稿（见附录二），建议①在基础设施要素下的一个题项即 16 题涉及两项内容，运行可靠程度和信息安全问题，建议拆成两题，分别为"网络、媒体环境运行可靠稳定"和"有完善的信息安全措施"；②在招生宣传要素下的题项即 17 题涉及两项内容，分别是材料真实有效和符合相关规定，建议拆成两题，分别是"招生宣传材料真实有效，无虚假模糊信息"和"招生工作符合相关法律、政策规定和要求"；③第 28 题括号中的内容并不是交互性活动的解释，建议改为"采用多种教学策略，设计丰富的交互活动"；④第 31 题表述太过学术，学术性支持这个表述并不是所有被试都可以理解的，建议改为"为学生提供答疑、辅导、作业批改等支持服务，及时帮助学生解决学习中的问题"；⑤第 35 题表述中用到的词管理性支持概念模糊，建议去掉这个词，直接表述，建议改为"为学生提供及时、准确的入学注册、学籍管理、信息管理等服务"。

3. 问卷信度

本研究问卷试测采用的是在线问卷的方式，测试的目的是为了检验其信度。网上填写时间从 2014 年 7 月 6 日开始截至 2014 年 9 月 4 日，网上问卷共有 198 个人填写，有效问卷为 187 份，有效率为 94.4%。从填写的 IP 显示，北京地区 98 个，河北地区 14 个，湖北地区 6 个，新疆地区 7 个，山

东地区 16 个，福建地区 15 个，广东地区 9 个，四川地区 8 个，广西地区 1
个，江苏地区 10 个，辽宁地区 13 个。填写问卷的人员来自两大类机构，72
人来自试点普通高校，115 人来自电大。主要角色为四类，19 人为管理层，
学生 64 人，研究人员 17 人，远程教育工作人员 87 人。

信度采用 Cronbach α 系数，科隆巴赫依据一定的公式测量测验的内
部一致性，作为信度的指标，是目前社会研究最常使用的信度指标。信
度结果为：

表 4-6 问卷信度 Cronbach α 系数

要素	Cronbach α 系数
办学资源	0.737
组织管理	0.746
师资队伍	0.864
基础设施	0.867
招生宣传	0.868
专业建设	0.868
课程设计与开发	0.895
学习支持与学生管理	0.915
学习评价	0.923
内部质量保证	0.888
学术研究	0.906
总量表	0.975

统计学意义上来说，一份信度系数好的量表或问卷，整体信度最好
在 0.80 以上，分量表信度最好在 0.70 以上。统计结果表明，总量表的
Cronbach α 系数为 0.975，分量表中各因子的 Cronbach α 系数在 0.737～
0.923 之间；进一步对量表采用折半法进行分析，得出分半相关系数为
0.839，Spearman-Brown 系数为 0.897，Guttman Split-Half 系数为
0.852。综合上述各项指标，表明量表具有较高的信度。

4. 正式问卷的形成

经过问卷信度检验和效度检验，最终形成《中国高等远程教育质量
保证标准重要性的调查》问卷（详见附录三）。问卷由 54 道题目构成
（其中："办学资质"要素 4 道；"组织管理"要素 4 道；"师资队伍"要素

4 道；"基础设施"要素 5 道；"招生宣传"要素 6 道；"专业建设"要素 4 道；"课程设计与开发"要素 5 道；"学习支持与学生管理"要素 8 道；"学习评价"要素 5 道；"内部质量保证"要素 4 道；"学术研究"要素 4 道；测谎题 1 道）。

三、有效样本群体特征的分布

本研究问卷发放渠道有两种，一种是纸质问卷，另一种是网络问卷。纸质问卷为重要发放形式，网络问卷为补充形式，一些地区学生较难聚集，以网络问卷形式让学生完成问卷。整体问卷发放基本按照之前设计的实施方案，纸质问卷每个机构发放 170 份，包括学生 120 份，教职工 50 份，发放的机构数为 22 个，所以总共发放的纸质问卷为 3740 份，回收 3148 份，纸质问卷回收率为 84.2%，其中有效问卷为 2172 份，纸质问卷样本有效率为 68.996%。网络问卷总共回收 2930 份，有效问卷为 2076 份，网络问卷样本有效率为 70.9%。纸质问卷和网络问卷总共回收的有效问卷数为 4248 份。

1. 机构分布

从机构类型来看，电大系统有效问卷数为 1747 份，占总数的 41%，试点普通高校回收的问卷数为 2501 份，占总数的 59%，如图 4-7 所示。

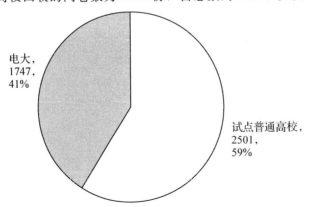

图 4-7　电大和试点普通高校有效问卷比例

（1）试点普通高校网院教育学院。

试点普通高校网络教育学院部分，纸质问卷发放了 13 所高校，包括华北地区的北交大网院、北师大网院、北医网院、北语网院，东北地区的东北财经大学网院，华东地区的江南大学网院、浙江大学网院、福建师大网院、山东大学网院，中南地区的华中科大网院、华南理工大学网院，西南地区的四川大学网院、西南科技大学网院。网络问卷填写的试点普通高校共有 16 所，包括华北地区的北交大网院、北师大网院、北邮网院、南开大学网院，东北地区的东北财经大学网院、东北大学网院和中国医科大网院（辽宁），华东地区的南京大学网院、福建师大网院、山东大学网院、浙江大学网院，中南地区的湖南大学网院、华中科大网院、中山大学网院，西南地区的西南科技大学网院，西北地区的西安交大网院。网络问卷和纸质问卷集合在一起，共有 21 所试点普通高校参与本调查研究，其中华北地区 6 所，东北地区 3 所，华东地区 5 所，中南地区 4 所，西南地区 2 所，西北地区 1 所，这与最初设想的调查事实方案基本吻合，每个地区都按照该地区拥有的试点高校数的 1/4 左右的比例进行机构的选取。每个机构的有效网络问卷数和有效纸质问卷数以及总体有效问卷数见表 4-7。

表 4-7　试点普通高校问卷回收情况

地域	问卷发放机构	有效网络问卷（份）	有效纸质问卷（份）	总体有效问卷（份）
华北	北交大网院	33	117	150
	北师大网院	28	128	156
	北医网院	0	85	85
	北邮网院	93	0	93
	南开大学网院	121	0	121
	北语网院	0	102	102
东北	东北财经大学网院	42	83	125
	东北大学网院	112	0	112
	中国医科大网院（辽宁）	61	0	61
华东	南京大学网院	112	0	112
	福建师大网院	44	93	137

地域	问卷发放机构	有效网络问卷（份）	有效纸质问卷（份）	总体有效问卷（份）
华东	江南大学网院	0	108	108
	山东大学网院	46	101	147
	浙江大学网院	62	76	138
中南	湖南大学网院	62	0	62
	华南理工大学网院	0	110	110
	华中科大网院	43	121	164
	中山大学网院	86	0	86
西南	川大网院	0	124	124
	西南科技大学网院	132	45	177
西北	西安交大网院	131	0	131

假设 21 所试点高校问卷回收都相等的话，那么每个试点高校有效问卷的比值大约占总有效问卷的 5%，从图 4-8 可以看出，每所高校的问卷占总数比值都在 5% 左右，也就是说各个机构的有效问卷数量相当，该调查的抽样相对合理。其中西南科技大学网院和华中科大网院占比最高，均为 7%，而湖南大学网院和中国医科大网院（辽宁）占比最低，均为 2%。

从地区视角来审视网院的有效问卷（如图 4-9），华北地区收集到的问卷最多为 707 份，占总数的 28%，其次是华东地区，642 份，占总数的 26%，接着是中南地区，问卷回收数为 422 份，17%，西南和东北有效问卷均为 300 份左右，而西北回收的有效问卷数最少，为 131 份，占总数的 5%。回收的有效问卷数量非常符合网院本身的地域特征。对于网院，华北地区有 20 所，东北地区 8 所，华东地区 16 所，中南地区 11 所，西南地区 8 所，西北地区 5 所，根据地区网院数量可大致推断出该地区参与远程教育的人数，这跟各地区回收的有效问卷比例是一致的。

（2）广播电视大学。

对于电大，纸质问卷发放了 9 所电大，包括华北地区的北京电大，东北地区的黑龙江电大、哈尔滨电大，华东地区的安徽电大、江苏电大，

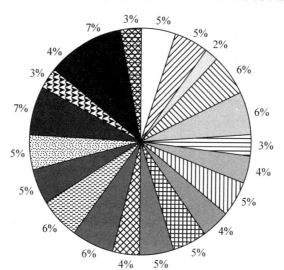

图 4-8　各个试点高校有效问卷占总有效问卷的比值

中南地区的广东电大、江西电大，西南地区的贵州电大，西北地区的西安电大。网络问卷填写的电大共有 16 所，包括中央电大、北京电大、河北电大、内蒙古电大、山西电大，华东地区的安徽电大、福建电大、浙江电大，中南地区的广东电大、湖北电大，西南地区的贵州电大、云南电大、重庆电大，西北地区的宁夏电大、陕西电大、西安电大、新疆电大。网络问卷和纸质问卷集合在一起，共有 21 所电大参与填写问卷，其中华北地区 5 所，东北地区 2 所，华东地区 4 所，中南地区 3 所，西南地区 3 所，西北地区 3 所。参与问卷调查的电大数量远远超过了之前预设的调查实施方案，主要因为网络问卷扩散面较广，使得很多电大的学生和工作人员都参与其中。每个机构的有效网络问卷数和有效纸质问卷数以及总体有效问卷数见表 4-8。

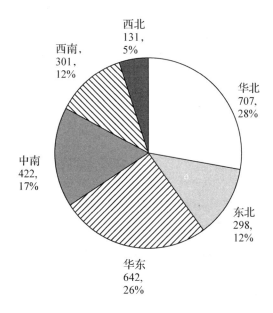

图 4-9　各区域试点高校（网院）有效问卷数和比例

表 4-8　电大问卷回收情况

地域	问卷发放机构	有效网络问卷（份）	有效纸质问卷（份）	总体有效问卷（份）
华北	中央电大（国家开放大学）	118	0	118
	北京电大（北京开放大学）	11	109	120
	河北电大	32	0	32
	内蒙古电大	115	0	115
	山西电大	12	0	12
东北	哈尔滨电大	0	99	99
	黑龙江电大	0	128	128
华东	安徽电大	13	131	144
	福建电大	50	0	50
	江苏电大（江苏开放大学）	0	67	67
	浙江电大	42	0	42

地域	问卷发放机构	有效网络问卷（份）	有效纸质问卷（份）	总体有效问卷（份）
中南	广东电大（广东开放大学）	46	128	174
	湖北电大	20	0	20
	江西电大	0	36	36
西南	贵州电大	16	117	133
	云南电大	33	0	33
	重庆电大	49	0	49
西北	宁夏电大	135	0	135
	陕西电大	90	0	90
	西安电大	0	64	64
	新疆电大	86	0	86

电大的有效问卷不像网院那样分布均衡，相对来说，纸质问卷发放的机构的问卷数量较为均衡，而网络问卷填写相对零散，虽然网络问卷涉及的电大数较多，但是不同电大填写的人数差异较大。如图4-10所示，各个电大回收的有效问卷占总数的比例差异较大，最大的为10%，是以纸质问卷为主的广东电大，最小的为1%，是参与网络问卷填写的山西电大和湖北电大。纸质问卷发放的机构除了广东电大，基本稳定在4%～8%，而网络问卷量差异较大，介于1%～8%不等。

尽管电大在各个机构内回收的有效问卷数量差异较大，但是各地区的问卷数量相对平衡，华北地区回收的问卷数最多，为397份，占总数的23%；其次是西北地区，375份，占总数的22%；再次是华东，303份，占总数的17%。西南、中南和东北地区均回收200多份问卷，占总数的12%～13%（如图4-11所示）。

2. 角色分布

除了按地区和机构发放问卷之外，问卷分角色发放，主要包括两大类角色——学生和教职工，而教职工又分成9种角色，分别是管理层、招生人员、教务人员、主讲教师、辅导教师、教学设计人员、课程资源

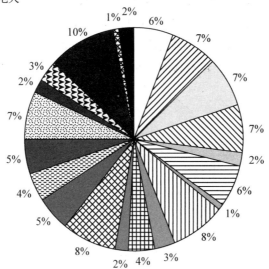

图 4-10 各个电大回收问卷占总回收问卷的比值

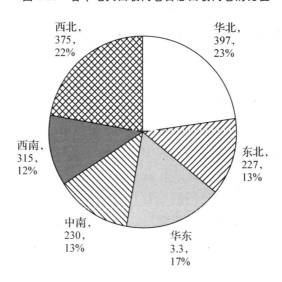

图 4-11 电大各区域问卷数和比例

建设人员、技术支持人员和研究人员。下面具体介绍学生和教职工的分布统计数据，包括性别、年龄、民族、角色等信息。

（1）学生。

回收的学生有效问卷总数为 2483 份，其中女生 1229 份，男生 1254 份，女生占总人数的 49％，男生占总人数的 51％（如图 4-12 所示）。教育部的数据显示，网络本专科生中，女生 2822327[①]，占总数的 49.48％。而收集到的有效样本，跟总体的网络教育男女生比例基本一致。

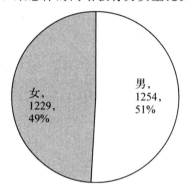

图 4-12　学生有效样本"性别"分布统计示意图

学生有效样本中，只有 1 份问卷是来自 70 岁以上的学生，51～70 岁的学生有效问卷数为 26 份，占比 1.05％，41～50 岁的学生有效问卷数 282 份，占总数的 11.36％；从图 4-13 可以看出，21～30 岁的学生有效问卷数最多，为 1338 份，占一半以上，其次是 31～40 岁，有 734 份，占 29.56％。也就是说，总体学生有效样本中，大多数集中在 21～40。这在一定程度上也反映了目前参与网络学习的学生年龄分布状况，21～30 岁的网络教育学生往往没有机会参与中国传统高等教育，网络教育成了他们接触高等教育的机会和机遇；而 31～40 岁的网络教育学生处于职业发展的重要时期，这个时候他们面临晋升，面临换工作、换职业，但是工作和生活不允许他们进行全日制学习，网络教育这种灵活的教育方式帮助他们更好地适应职业上的变化。

---

① 中华人民共和国教育部．各级各类学校女学生数［EB/OL］．http：//www.moe. edu. cn/publicfiles/business/htmlfiles/moe/s7567/201309/156890. html，2014-12-3.

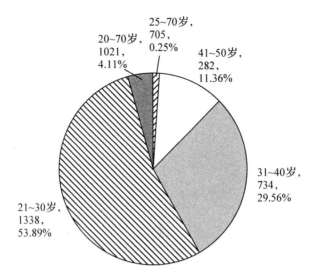

图 4-13 学生有效样本"年龄"分布示意图

教育部数据显示，网络本专科生中，少数民族 322733 人，占总数的 5.66%①。回收的有效问卷中少数民族 223 份，占学生有效问卷总数的 9%，汉族 2260 份，占总数的 91%（如图 4-14 所示）。回收的少数民族学生问卷数稍稍高于实际的比例。

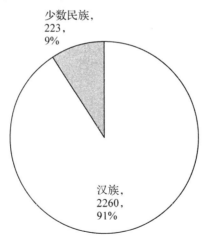

图 4-14 学生有效样本"民族"分布示意图

---

① 中华人民共和国教育部. 各级各类学校少数民族学生数［EB/OL］. http：//www. moe. edu. cn/publicfiles/business/htmlfiles/moe/s7567/201309/156878. html，2014-12-3.

（2）教职工。

教职工包括网络教育目前的各种工作角色，回收的有效问卷总共有1765份，其中男性900份，占总数的51%，女性865份，占总数的49%（如图4-15所示）。教职工性别比例跟回收的有效学生问卷性别比例基本是一致的。

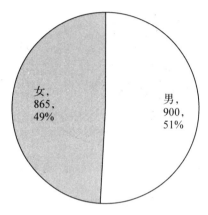

图4-15 教职工有效样本"性别"分布统计示意图

教职工有效样本中，年龄分布主要集中在21～50岁，这与现状相符，一般来说教职工50岁退休。其中21～30岁的有效问卷数为542份，占总数的30.71%，31～40岁的有效问卷数为699份，占总数的39.6%，41～50岁的有效问卷数为410份，占比23.33%。从图4-16可以看出，70岁以上的教职工有6人，通过查找原始数据发现，这些数据均来自网络问卷，所以这6个人有可能是曾经工作于远程教育领域的教职工。另外一个有趣的现象是，有14个人是20岁以下的网络教育教职工，虽然这只占到总体的0.79%，但也可以看出部分网络教育学院也会雇用一些年龄较小的员工，而这部分员工往往要求的薪资会较低，可以降低网院的运行开支。

教职工有效样本中，少数民族148份，占总数的8%，汉族1617份，占总数的92%（如图4-17所示）。总体来说，我国少数民族占全国总人口9%。从收集到的数据来看，可以大致推测出网院现有的教职工民族结构，这跟全国少数民族占比基本一致。

从教职工角色来看，回收的管理层的有效问卷最多，有428份，占

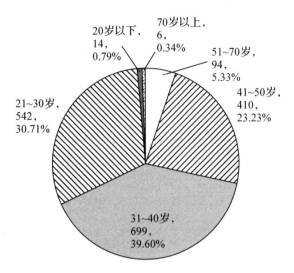

图 4-16　教职工有效样本"年龄"分布统计示意图

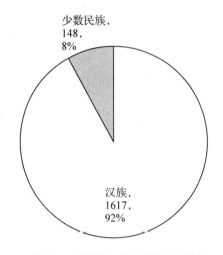

图 4-17　教职工有效样本"民族"分布统计示意图

24％，其次是教务人员，294 份，占总数的 17％，接着是技术支持人员，有 250 份，占 14％；而资源建设人员、教学设计人员、辅导教师人员、主讲教师相当，基本都是 150 份左右；回收的研究人员问卷数最少，只有 49 份（如图 4-18 所示）。通过对原始数据的查阅以及跟一线工作人员的确定，发现有些机构尤其是试点高校网院，不设置研究岗位，所以研究人员数量较少在情理之中。

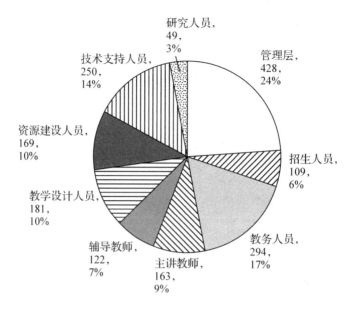

图 4-18　教职工有效样本"角色"分布统计示意图

第五节　关键步骤四：角色在不同要素上的话语权权重

在问卷调研中，问卷发放给了 10 种角色，分别为管理层、招生人员、教务人员、主讲教师、辅导教师、教学设计人员、课程资源建设人员、技术支持人员、研究人员和学生。笔者认为不同的角色对于同一要素的熟悉程度和了解程度有所区别，比如学生可能对学习支持与学生管理这一要素较为熟悉，但是对于办学资质和师资队伍的话语权就略低一些，比如教学设计人员对课程设计与开发要素较为熟悉，但是对于组织管理、办学资质、内部质量保证等话语权不那么高。因此，需要确定各个角色在不同要素上的话语权权重，从而得到每条标准项的加权平均值，为标准的修订提供参考和依据。本研究采用专家排序法来确定话语权权重，专家对要素的排序问卷详见附录四。专家针对每个要素，根据 10 种角色对其的了解程度进行排序，其中认为最有话语权的记为 1，其下依次记为 2、3……，如果有若干项指标的重要性一致，则取其排序的平均值，例如 a、b、c 三项指标的重要性都排在第一位，则可以都填写 2（1、2、

3 的平均值）。计算权重的公式[①]为：

$$a_j = 2[m(1+n)-R_j]/[mn(1+n)]$$

其中，a_j 表示第 j 项指标的权重，j 表示指标的序号，m 为专家人数，n 为指标个数，表示第 j 个指标的秩和。

　　将专家对要素的排序问卷（见附录四）发放给 10 位国内外远程教育领域资深专家。2 位专家来自加拿大阿萨巴塞卡大学，1 位专家来自于北京交通大学，1 为专家来自于北京大学，4 位专家来自于北京师范大学，另外 2 位是来自一线实践的专家，对远程教育领域颇有见解。专家问卷回收率 100%。对 10 位专家的排序进行统计，计算各角色在每个要素上的话语权权重。

　　针对办学资质要素，10 位专家对各个角色的话语权排序如表 4-9 所示，根据公式算出每个角色在这一要素中的话语权权重。管理层在办学资质要素中的话语权权重 $A_{11}=2$［10 * （1+10）－10］/［10 * 10 * (10+1)］= 18.2%，招生人员话语权权重 $A_{12}=12.7\%$，教务人员话语权权重 $A_{13}=12.0\%$，主讲教师话语权权重 $A_{14}=9.1\%$，辅导教师话语权权重 $A_{15}=6.3\%$，教学设计人员话语权权重 $A_{16}=8.7\%$，课程资源建设人员话语权权重 $A_{17}=7.6\%$，技术支持人员话语权权重 $A_{18}=6.2\%$，研究人员话语权权重 $A_{19}=11.3\%$，学生话语权权重 $A_{110}=7.9\%$。可见管理层在办学资质要素上的话语权权重最高，其次是招生人员、教务人员和研究人员，权重最低的是学生和辅导教师。

表 4-9　"办学资质"要素专家角色排序

专家序号	角色									
	管理层	招生人员	教务人员	主讲教师	辅导教师	教学设计人员	课程资源建设人员	技术支持人员	研究人员	学生
1	1	2	8	3	6	7	9	10	4	5
2	1	2	3	4	8	7	5	6	9	10
3	1	3	3	8.5	8.5	6	6	6	3	10
4	1	9	8	2	7	3	4	5	10	6

[①]　崔峻山．(1993)．"专家排序法"的简化及应用［J］．教育科学研究，(5)：35—36．

续表

专家序号	角色									
	管理层	招生人员	教务人员	主讲教师	辅导教师	教学设计人员	课程资源建设人员	技术支持人员	研究人员	学生
5	1	3	4	6	7	8	9	5	2	10
6	1	4	5	3	9	6	7	8	2	10
7	1	5.5	2.5	10	8.5	5.5	5.5	8.5	2.5	5.5
8	1	6	4	9	7	5	8	10	2	3
9	1	2	3	8	8	8	8	8	4	5
10	1	3.5	3.5	6.5	6.5	6.5	6.5	9.5	9.5	2
秩和 R_j	10	40	44	60	75.5	62	68	76	48	66.5

根据对每一要素的分析和结论，将各角色对每个要素的话语权权重汇总成一张表格（如表 4-10 所示）。

表 4-10 各个要素角色权重汇总

角色 要素	管理层	招生人员	教务人员	主讲教师	辅导教师	教学设计人员	资源建设人员	技术支持人员	研究人员	学生
办学资质	18.2%	12.7%	12.0%	9.1%	6.3%	8.7%	7.6%	6.2%	11.3%	7.9%
组织管理	18.0%	12.4%	14.6%	8.5%	7.3%	9.4%	8.1%	6.5%	10.4%	4.8%
师资队伍	14.3%	5.5%	13.8%	13.3%	13.0%	10.7%	8.3%	5.0%	8.7%	7.4%
基础设施	14.4%	6.6%	11.5%	9.0%	8.5%	10.4%	12.1%	12.1%	6.4%	9.0%
招生宣传	16.1%	17.0%	11.7%	8.7%	7.0%	7.6%	6.2%	4.9%	7.7%	13.0%
专业建设	15.9%	7.9%	9.3%	14.8%	10.6%	10.5%	7.5%	4.3%	9.4%	9.7%
课程设计与开发	7.9%	4.4%	6.9%	15.3%	11.5%	15.8%	13.5%	8.7%	7.8%	8.3%
学习支持与学生管理	8.0%	5.9%	12.5%	11.3%	16.5%	9.4%	6.5%	8.6%	6.0%	15.4%
学习评价	8.0%	5.1%	11.5%	15.7%	16.5%	11.3%	6.8%	4.5%	7.4%	13.2%
内部质量保证	16.2%	6.6%	13.6%	11.3%	11.3%	11.2%	7.6%	5.7%	9.9%	6.5%
学术研究	13.2%	3.6%	6.9%	13.9%	12.0%	12.2%	9.8%	7.2%	18.2%	3.0%

由上表可见，管理层在办学资质、组织管理、招生宣传、内部质量保证要素上较有话语权，在课程设计与开发、学习支持与学生管理、学习评价要素上话语权较小，可见管理层对机构运营等宏观层面较为了解，而对于具体的课程设计与开发、学习支持和学生评价方面关注得并不多。

招生人员在招生宣传方面最有话语权，其次对于办学资质和组织管理方面也相对了解，可见招生人员专注于招生工作和宣传工作，对其他远程教育环节了解不多。

教务人员在组织管理上话语权最大，其次是师资队伍和内部质量保证，这跟教务人员本身的工作内容有较大的关系，教务人员往往需要联系教学老师、组织相关教学任务，在有的机构教务人员需要管理学生的学籍、学习记录等，教务人员做的工作相对偏行政，了解机构的组织结构以及机构内部的人员，但是对于具体的课程设计和教学设计以及学术研究内容不甚了解。

主讲教师对课程设计与开发和学习评价最有话语权，而对组织管理和招生宣传的话语权较小，因为主讲教师的工作除了授课之外，还参与前期整个课程的设计以及课程过程中或课程结束后的学习评价的设计，而对于机构的组织管理以及如何招生并不熟悉。

辅导教师对学习支持与学生管理和学习评价最有话语权，而对于办学资质、招生宣传和组织管理并不了解，因为辅导教师的主要工作职责是对学生学习过程中的各种问题给予支持，包括学术支持以及非学术（心理、情感等）支持，也会参与学生的学习评价以及对学习评价的说明和反馈，但他们对宏观层面的办学资质、组织管理和招生宣传的情况不甚了解。

教学设计人员对课程设计与开发方面最有话语权，而在招生宣传方面的话语权最小，教学设计人员参与课程设计与开发的工作，显而易见教学设计人员对课程设计与开发相对了解。

资源建设人员在课程设计与开发和基础设施要素上最有话语权，而在招生宣传要素上话语权较小，资源建设包括课程内容的建设和支持课程开展的媒体建设，资源建设人员对这两个要素最有话语权在情理之中。

技术支持人员最有话语权的要素是基础设施，而在其他要素上的话语权均不高。技术支持人员的主要工作为维护和更新软硬件设施，保证其正常工作，同时对教师和学生在教学过程中进行技术支持，从工作内容来看技术支持人员确实对基础设施比较有话语权。

对于研究人员来说，无可非议最有话语权的就是学术研究，其次是办学资质和组织管理。

对于学生来说，最有话语权的是学习支持与学生管理，其次是学习评价和招生管理。学生对与自身相关的环节较为关注，包括前期的招生工作，学习过程中的学习支持，学习后的评价，以及整个学习过程中的学生管理。

第六节　关键步骤五：数据分析修订标准

问卷调查研究得到两部分数据，一是因素分析，二是各角色对标准项重要性打分。专家排序法得到角色在不同要素上的话语权权重，结合问卷调查研究各角色对标准项重要性打分，得到每条标准项的加权平均值。因素分析的值和标准加权平均值是标准修订的两个重要依据，综合考虑这两个数据结果来判断标准项的去留（如图 4-19 所示）。

➤ 因素分析：求出要素下每一条标准项的因素负荷，即标准项对要素的解释度，因素负荷值大于 0.5 的标准予以保留，因素负荷值小于 0.4 的标准项予以删除，对因素负荷值介于 0.4 到 0.5 之间的标准项进一步分析，以决定标准项的去留。

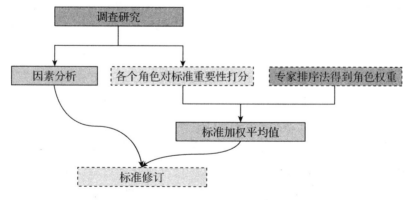

图 4-19　标准修订依据

➤ 加权平均值：根据专家排序法得到各角色在不同要素上的话语权权重，结合各角色对标准项重要性的打分，得到每条标准项的角色加权平均值。对于加权平均值大于 4 的标准项予以保留，对于加权平均值小于 3 的标准项予以删除，对于加权平均值介于 3 到 4 之间的标准项进一步分析，以决定标准项的去留。

一、第一要素：办学资质

1. 因素分析

对于第一要素中的四个标准项，通过因素分析得到每条标准项的因素负荷，分别为 0.810、0.817、0.868、0.847（如表 4-11 所示）。标准 3 "领导团队务实、决策力强，工作人员都达到规定的任职资格要求"对办学资质解释度最高，其次是"建立员工可持续发展的培训机制"，再次是"机构通过有关部门或机构的资格审批"，而"办学理念、使命和目标"解释度最低。四条标准项的因素负荷均高于 0.5，说明这四条标准项对"办学资质"这一要素的解释度均较高。

表 4-11 要素一因素分析结果

标准项	因素负荷
1. 办学理念先进，使命和目标明确，人才培养定位科学合理，体现机构优势和特色，符合远程教育发展趋势和经济社会发展要求。	0.810
2. 机构通过了有关部门或机构的资格审批。	0.817
3. 领导团队务实、决策力强，工作人员都达到规定的任职资格要求。	0.868
4. 建立了员工可持续发展的培训机制，通过提高员工业务素质来不断提升办学服务水平。	0.847

2. 标准项加权平均值分析

根据专家排序法得到了各角色对机构资质的话语权权重，管理者 18.2%，招生人员 12.7%，教务人员 12.0%，主讲教师 9.1%，辅导教师 6.3%，教学设计人员 8.7%，资源建设人员 7.6%，技术支持人员 6.2%，研究人员 11.3%，学生 7.9%。表 4-12 显示了各个角色对标准 1 至标准 4 的重要性判断平均值，结合各角色对机构资质的话语权权重，得到每个标准项的加权平均值。加权平均值的计算方法为标准 j 加权平均值＝管理层对标准 j 的平均值＊管理层对该标准项所在要素的权重＋招生人员对标准 j 的平均值＊招生人员对该标准项所在要素的权重＋……＋学生对标准 j 的平均值＊学生对该标准项所在要素的权重，比如标准 1 的加权平均值为 $4.45 * 18.2\% + 4.35 * 12.7\% + 4.55 * 12.0\% + 4.45 * 9.1\% + 4.3 * 6.3\% + 4.41 * 8.7\% + 4.44 * 7.6\% + 4.34 * 6.2\% + 4.53 * 11.3\% + 4.43 * 7.9\% = 4.44$。根据上述计算方法，得到标准 1、标准 2、标准 3 和标准 4 的加权平均值分别是 4.44，4.42，4.40 和 4.41。

表 4-12　要素一各个标准项加权平均值

	管理层	招生人员	教务人员	主讲教师	辅导教师	教学设计人员	资源建设人员	技术支持人员	研究人员	学生	加权平均值
标准 1	4.45	4.35	4.55	4.45	4.3	4.41	4.44	4.34	4.53	4.43	4.44
标准 2	4.4	4.38	4.42	4.23	4.39	4.42	4.39	4.44	4.59	4.53	4.42
标准 3	4.42	4.30	4.46	4.35	4.3	4.49	4.37	4.39	4.43	4.47	4.40
标准 4	4.43	4.34	4.53	4.43	4.3	4.43	4.36	4.32	4.37	4.46	4.41

　　每条标准项的加权平均值如图 4-20 所示，标准 1 加权平均值最高，为 4.44，其次为标准 2，再次是标准 4，最后是标准 3。从加权平均值来看，最受重视的是标准 1，相对不受重视的是标准 3。四条标准的加权平均值均在 4 以上，说明都很重要。

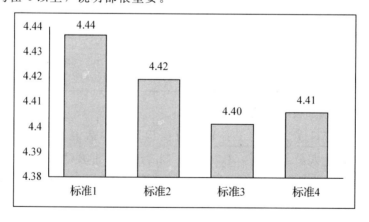

图 4-20　"办学资质"要素中标准 1 至标准 4 加权平均值

3. 小结

从因素分析来看，标准 1、标准 2、标准 3、标准 4 对第一要素"办学资质"的解释度均较高。从加权平均值来看，四条标准项的加权平均值均高于 4，说明各个角色对四条标准较为重视。从因素分析和加权平均值综合分析，应保留这四条标准项。

二、第二要素：组织管理

1. 因素分析

对于第二要素中的四条标准项，通过因素分析得到每条标准项的因素负荷，分别为 0.857、0.874、0.853、0.576（如表 4-13 所示）。可以看出标准 6 "机构和助学机构职责明确，对助学机构有完善的管理制度，以确保服务质量"对组织管理最为重要，其次是内部组织机构，再次是经费管理制度和内外部审计制度，而合作渠道和合作模式相对不受重视。四条标准项的因素负荷均高于 0.5，说明这四条标准项对"办学资质"这一要素的解释度较高。但是相对来说，标准 8 的解释度低一些。

表 4-13　要素二因素分析结果

标准项	因素负荷
5. 内部管理体制完善，组织架构合理，部门之间职责明确，相互配合。	0.857
6. 机构和助学机构职责明确，对助学机构有完善的管理制度，以确保服务质量。	0.874
7. 有完善的经费管理制度和内外部审计制度。	0.853
8. 合作渠道和合作模式多元，能够与地方政府、行业企业、其他办学机构以及专业公司在资源建设、人才培养等方面进行合作。	0.576

2. 标准项加权平均值分析

根据专家排序法得到了角色话语权权重，管理者 18.0%，招生人员 12.4%，教务人员 14.6%，主讲教师 8.5%，辅导教师 7.3%，教学设计人员 9.4%，资源建设人员 8.1%，技术支持人员 6.5%，研究人员 10.4%，学生 4.8%。依据表 4-14 的平均值，结合角色话语权权重，得到加权平均值，标准 5、标准 6、标准 7 和标准 8 的加权平均值分别为 4.414、4.39、4.30 和 4.39。

表 4-14 要素二各个标准项加权平均值

	管理层	招生人员	教务人员	主讲教师	辅导教师	教学设计人员	资源建设人员	技术支持人员	研究人员	学生	加权平均值
标准 5	4.41	4.39	4.54	4.4	4.34	4.37	4.34	4.32	4.43	4.4	4.41
标准 6	4.38	4.33	4.47	4.38	4.31	4.38	4.35	4.27	4.41	4.44	4.39
标准 7	4.29	4.3	4.31	4.34	4.26	4.28	4.24	4.22	4.39	4.38	4.30
标准 8	4.41	4.37	4.45	4.46	4.31	4.41	4.37	4.29	4.47	4.21	4.39

每条标准的加权平均值如图 4-21 所示，标准 5 加权平均值最高，为4.41，其次为标准 8，再次是标准 6，最后是标准 7。从加权平均值来看，最受重视的是标准 5，相对不受重视的是标准 7。四条标准的平均值均在 4 以上，说明都很重要。

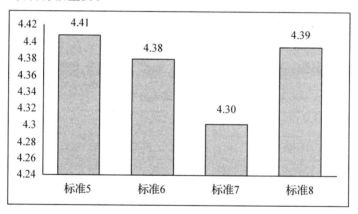

图 4-21 "组织管理"要素中标准 5 至标准 8 加权平均值

3. 小结

从因素分析来看，标准 5、标准 6、标准 7 对组织管理要素的解释度均较高，相对来说标准 8 对该要素的解释度稍低一些，但四条标准项的因素负荷均在 0.5 以上。从加权平均值来看，标准 5 至标准 8 加权平均值均在 4 以上，说明重视程度均较高。所以，从因素分析和加权平均值综合分析，保留标准 5、标准 6、标准 7 和标准 8。

在这四条标准项的数据分析中，发现一个现象即标准 8 对组织管理的解释度相对较低。对标准 8 进一步分析发现，得到不同角色对标准 8 的打分情况（如图 4-22 所示）。从图可以直观看出各角色的平均值分布，打分较低的三种角色为学生、辅导教师和技术支持人员，其中学生打分最低，打分较高的是研究人员、主讲教师和教学设计人员，其中研究人员打分最高。

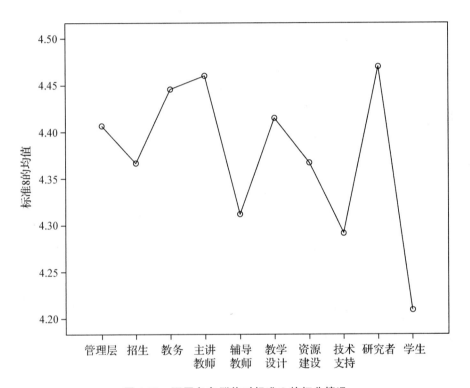

图 4-22　不同角色群体对标准 8 的打分情况

对标准 8 的各个角色进行多重分析发现，管理层、招生人员、教务人员、主讲教师、辅导教师、教学设计人员、资源建设人员、技术支持人员以及研究者之间的重要性评判无显著差异，而学生与其他部分角色存在显著性差异。如表 4-15 所示，学生跟管理层存在显著差异（P＝0.036＜0.05），学生与教务人员存在显著差异（P＝0.042＜0.05），学生与教学设计人员存在显著差异（P＝0.045＜0.05）。

表 4-15　标准 8 角色多重分析

因变量	(I)角色	(J)角色	均值差(I−J)	标准误	显著性	95%置信区间	
						下限	上限
标准 8	学生	管理层	−.197*	0.036	0	−0.31	−0.08
		招生人员	−0.158	0.067	0.349	−0.37	0.05
		教务人员	−.236*	0.042	0	−0.37	−0.1
		主讲教师	−.251*	0.055	0	−0.43	−0.08
		辅导教师	−0.102	0.063	0.841	−0.3	0.1
		教学设计人员	−.205*	0.045	0.004	−0.37	−0.04
		资源建设人员	−0.157	0.054	0.104	−0.33	0.01
		技术支持人员	−0.083	0.052	0.719	−0.23	0.06
		研究人员	−0.26	0.098	0.197	−0.57	0.05

　　总的来说，学生认为标准 8 "机构的合作"的重要性相对不高。通过对远程学习者的访谈发现，学生认为机构合作渠道和合作模式是否多元，或者是否能够与地方政府、行业企业、其他办学机构以及专业公司进行合作，跟他们并无直接的关系，他们不关心机构是否有合作，而且他们担心过多的合作活动可能会增加他们的学习成本。学生认为机构具有好的资质，并且能够提供良好的学习服务，才是重点，而机构的合作属于机构自身发展的问题，对学生的学习和发展并无太大影响。

三、第三要素：师资队伍

1. 因素分析

　　对于第三要素中的四条标准项，通过因素分析得到每条标准项的因素负荷，分别为 0.848、0.891、0.871、0.846（如表 4-16 所示）。可见标准 10 "制订了严格的师资聘任标准和合理的选拔机制"对师资队伍是最重要的，其次是"建立了完善的师资考核标准和机制"，再次是"建立了数量充足、结构合理、满足需求的师资队伍"，而"能够为主讲教师、辅导教师和工作人员在工作过程中遇到的困难提供充分、及时的支持"相对重视程度低一些。四条标准项的因素负荷均高于 0.5，说明这四条标准项对"师资队伍"这一要素的解释度较高。

表 4-16　要素三因素分析结果

标准项	因素负荷
9. 建立了数量充足、结构合理、满足需求的师资队伍,确保生师比合理。	0.848
10. 制定了严格的师资聘任标准和合理的选拔机制。	0.891
11. 建立了完善的师资考核标准和机制,定期对教师进行评估并建立了奖惩制度。	0.871
12. 能够为主讲教师、辅导教师和工作人员在工作过程中遇到的困难提供充分、及时的支持。	0.846

2. 标准项加权平均值分析

根据专家排序法,得到了各个角色在师资队伍这个要素中的话语权权重,管理者 14.3%,招生人员 5.5%,教务人员 13.8%,主讲教师 13.3%,辅导教师 13.0%,教学设计人员 10.7%,资源建设人员 8.3%,技术支持人员 5.0%,研究人员 8.7%,学生 7.4%。结合表 4-17 的平均值,得到标准 9 至标准 12 的加权平均值,分别是 4.39,4.36,4.30,4.38。

表 4-17　要素三各个标准项加权平均值

	管理层	招生人员	教务人员	主讲教师	辅导教师	教学设计人员	资源建设人员	技术支持人员	研究人员	学生	加权平均值
标准 9	4.33	4.28	4.47	4.39	4.38	4.35	4.31	4.33	4.57	4.44	4.39
标准 10	4.33	4.21	4.4	4.34	4.35	4.36	4.28	4.31	4.57	4.42	4.36
标准 11	4.27	4.15	4.34	4.3	4.3	4.31	4.25	4.28	4.41	4.37	4.30
标准 12	4.32	4.28	4.4	4.44	4.38	4.39	4.33	4.26	4.43	4.43	4.38

每条标准项的加权平均值如图 4-23 所示,标准 9 加权平均值最高,为 4.39,其次为标准 12,再次是标准 10,最后是标准 11。从加权平均值来看,最受重视的是标准 9,相对不受重视的是标准 11。四条标准项的加权平均值均在 4 以上,说明都很重要。

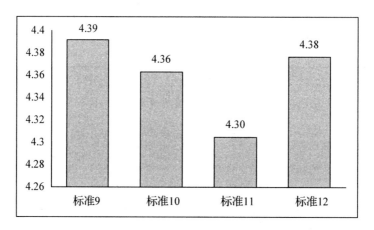

图 4-23 "师资队伍"要素中标准 9 至标准 12 加权平均值

3. 小结

从因素分析来看，标准 9、标准 10、标准 11、标准 12 对第三要素"师资队伍"的解释度均较高。从加权平均值来看，四条标准项的平均值均高于 4，说明各个角色对四条标准项均较为重视。从因素分析和加权平均值综合分析，应保留这四条标准项。

四、第四要素：基础设施

1. 因素分析

对于第四要素中的五条标准项，通过因素分析得到每条标准项的因素负荷，分别为 0.846、0.860、0.875、0.859、0.713（如表 4-18 所示）。可见标准 15 "有符合技术标准的完善的教学管理平台和系统"对基础设施是最重要的，其次是"有设施、设备、媒体工具的建设规划，能够根据需求不断更新升级"，再次是"网络、媒体环境运行可靠稳定"，而"有完善的信息安全措施"相对不受重视。五条标准项的因素负荷均高于 0.5，说明这五条标准项对"基础设施"这一要素的解释度较高。

表 4-18 要素四因素分析结果

标准项	因素负荷
13. 具有支撑机构教育服务的网络设施、仪器设备和媒体工具等软硬件条件。	0.846
14. 有设施、设备、媒体工具的建设规划，能够根据需求不断更新升级。	0.860
15. 有符合技术标准的完善的教学管理平台和系统，方便师生使用。	0.875
16. 网络、媒体环境运行可靠稳定。	0.859
17. 有完善的信息安全措施。	0.713

2. 标准项加权平均值分析

根据专家排序法得到各角色在基础设施要素中的话语权权重，管理者 14.4%，招生人员 6.6%，教务人员 11.5%，主讲教师 9.0%，辅导教师 8.5%，教学设计人员 10.4%，资源建设人员 12.1%，技术支持人员 12.1%，研究人员 6.4%，学生 9.0%。结合表 4-19 的平均值，得到标准 13 至标准 17 的加权平均值，分别为 4.41、4.33、4.46、4.43、4.38。

表 4-19 要素四各个标准项加权平均值

	管理层	招生人员	教务人员	主讲教师	辅导教师	教学设计人员	资源建设人员	技术支持人员	研究人员	学生	加权平均值
标准 13	4.35	4.31	4.52	4.4	4.38	4.4	4.4	4.41	4.53	4.43	4.41
标准 14	4.26	4.24	4.39	4.35	4.25	4.32	4.37	4.32	4.41	4.41	4.33
标准 15	4.41	4.38	4.55	4.45	4.38	4.39	4.47	4.45	4.61	4.49	4.46
标准 16	4.4	4.37	4.5	4.44	4.37	4.33	4.47	4.38	4.55	4.49	4.43
标准 17	4.39	4.21	4.31	4.28	4.4	4.48	4.33	4.37	4.51	4.5	4.38

从图 4-24 的加权平均值来看，标准 15 加权平均值最高，为 4.46，其次是标准 16，为 4.43，再次是标准 13，为 4.41，标准 14 最低，为 4.33。总体来说，这一要素下的五条标准项加权平均值都高于 4，均被视为较为重要的标准项。

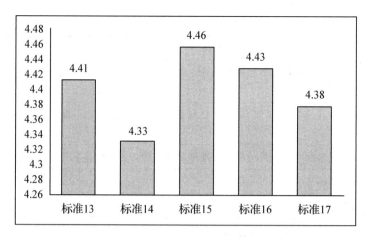

图 4-24 "基础设施"要素中标准 13 至标准 17 加权平均值

3. 小结

从因素分析来看,标准 13、标准 14、标准 15、标准 16、标准 17 对第四要素"基础设施"的解释度均较高。从加权平均值来看,五条标准项均高于 4,说明各个角色对五条标准项较为重视。从因素分析和加权平均值综合分析,应保留这五条标准项。

五、第五要素:招生宣传

1. 因素分析

对于第五要素中的六个标准项,通过因素分析得到每条标准项的因素负荷,分别为 0.790、0.496、0.845、0.854、0.826、0.807(如表 4-20 所示)。标准 21"资料提供入学要求、学费、技术与支持服务等方面的明确信息"对招生宣传是最重要的,其次是标准 20"资料提供专业、课程、培养目标、学分要求等方面的详细信息",再次是标准 22"招生工作符合相关法律、政策规定和要求",而"宣传资料由机构统一管理,不能由助学机构擅自印发"相对不受重视。从六条标准项的因素负荷来看,标准 18、标准 20、标准 21、标准 22、标准 23 高于 0.5,说明这五条标准项对招生宣传这一要素的解释度较高。标准 19 的因素负荷值为 0.496,其对招生宣传要素的解释程度一般。

表 4-20　要素五因素分析结果

标准项	因素负荷
18. 招生宣传材料真实有效，无虚假模糊信息。	0.790
19. 宣传资料由机构统一管理，不能由学习中心擅自印发。	0.496
20. 资料提供专业、课程、培养目标、学分要求等方面的详细信息。	0.845
21. 资料提供入学要求、学费、技术与支持服务等方面的明确信息。	0.854
22. 招生工作符合相关法律、政策规定和要求。	0.826
23. 信息提供方式和途径利于学生和相关人员获取。	0.807

2. 标准项加权平均值分析

根据专家排序法得出各个角色在招生宣传要素中的话语权权重，管理者 16.1%，招生人员 17.0%，教务人员 11.7%，主讲教师 8.7%，辅导教师 7.0%，教学设计人员 7.6%，资源建设人员 6.2%，技术支持人员 4.9%，研究人员 7.7%，学生 13.0%。结合表 4-21 的平均值，可以得到每条标准项的加权平均值，分别为 4.40，4.34，4.34，4.34，4.40，4.33。

表 4-21　要素五各个标准项加权平均值

	管理层	招生人员	教务人员	主讲教师	辅导教师	教学设计人员	资源建设人员	技术支持人员	研究人员	学生	加权平均值
标准 18	4.41	4.43	4.51	4.29	4.32	4.35	4.32	4.4	4.37	4.51	4.40
标准 19	4.28	4.63	4.41	4.34	4.33	4.25	4.25	4.26	4.33	4.15	4.34
标准 20	4.33	4.28	4.3	4.28	4.34	4.3	4.31	4.3	4.49	4.47	4.34
标准 21	4.3	4.3	4.35	4.33	4.28	4.3	4.27	4.3	4.43	4.46	4.34
标准 22	4.4	4.36	4.44	4.3	4.3	4.43	4.34	4.39	4.49	4.52	4.40
标准 23	4.34	4.27	4.35	4.36	4.24	4.28	4.25	4.25	4.47	4.43	4.33

每条标准项的加权平均值如图 4-25 所示，可以看到标准 18 和标准 22 平均值最高，为 4.40，其次为标准 19、标准 20 和标准 21，最后是标准 23。从加权平均值来看，最受重视的是标准 22，相对不受重视的是标准 23。这六条标准项的加权平均值都在 4 以上，说明都很重要。

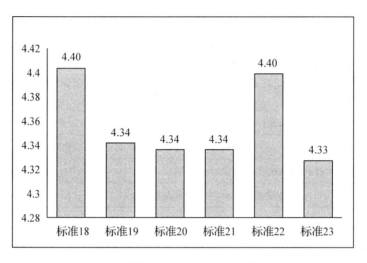

图 4-25　"招生宣传"要素中标准 18 至标准 23 加权平均值

3. 小结

从因素分析来看，标准 18、标准 20、标准 21、标准 22、标准 23 对第五要素招生宣传的解释度均较高，标准 19 对这一要素的解释度一般，因素负荷值为 0.496。从加权平均值来看，六条标准项均高于 4，说明各个角色对六条标准项较为重视。从因素分析和加权平均值综合分析，保留标准 18、标准 20、标准 21、标准 22、标准 23 这五条标准项。对标准 19 进一步分析决定去留。

图 4-26 显示了各个角色对标准 19 的打分，从图中可直观看出，各个角色的打分平均值的分布显示了三个层次，打分最高的是招生人员，最分最低的是学生，而其他角色打分相近，介于 4.25～4.4。

对标准 19 的各个角色进行多重分析发现，在标准 19 的重要性判断上，招生人员显著高于管理层、教学设计人员、资源建设人员、技术支持人员。学生在标准 19 的重要性判断上，显著低于管理层、招生人员和教务人员。

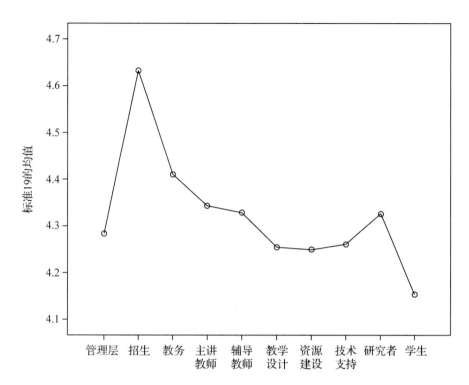

图 4-26　不同角色群体对标准 19 的打分情况

表 4-22　标准 19 角色多重分析

因变量	(I) 角色	(J) 角色	均值差 （I－J）	标准误	显著性	95％置信区间	
						下限	上限
标准 19	招生 人员	管理层	.350*	0.084	0.001	0.09	0.62
		教学设计人员	.379*	0.095	0.003	0.08	0.68
		资源建设人员	.385*	0.096	0.003	0.08	0.69
		技术支持人员	.373*	0.09	0.001	0.09	0.66
	学生	管理层	−.130*	0.041	0.048	−0.26	0
		招生人员	−.480*	0.076	0.000	−0.72	−0.24
		教务人员	−.259*	0.048	0.000	−0.41	−0.11

　　总的来说，招生人员对标准 19 的重要性打分较高，而学生对其的重要性评价相对较低。通过对远程学生和招生人员的访谈，了解到学生认

为宣传材料由谁来制定和印发并不重要，重要的是本身材料的真实性和可靠性。而招生人员认为重要的原因是资料由机构统一管理，可以在一定程度上保证材料的真实性，如果学习中心擅自印发，可能会存在宣传材料出现偏差的问题。笔者赞同招生人员的观点，再加上学生对标准 19 的打分绝对值为 4.15，故保留标准 19。

六、第六要素：专业建设

1. 因素分析

对于第六要素中的四个标准项，通过因素分析得到每条标准项的因素负荷，分别为 0.859、0.865、0.892、0.879（如表 4-23 所示）。标准 26 "专业培养目标和人才培养规格符合在职成人学生的需求和特点"对专业建设是最重要的，其次是"培养方案中的课程设置及结构关系科学"，再次是"培养方案内容完整"，而"专业设置符合社会需求，体现机构优势和特色，并建立了专业评估及动态调整机制"相对重视程度稍低。四条标准项的因素负荷均高于 0.5，说明这四条标准项对"专业建设"这一要素的解释度较高。

表 4-23　要素六因素分析结果

标准项	因素负荷
24. 专业设置符合社会需求，体现机构优势和特色，并建立了专业评估及动态调整机制。	0.859
25. 培养方案内容完整，详细说明专业培养目标、人才培养规格、基本学制及修业年限、毕业标准及授予学位、课程设置、教学方式、课程教学大纲等内容。	0.865
26. 专业培养目标和人才培养规格符合在职成人学生的需求和特点。	0.892
27. 培养方案中的课程设置及结构关系科学，确保人才培养目标的实现。	0.879

2. 标准项加权平均值分析

专家排序法得到了各个角色在专业建设要素上的话语权权重，管理者 15.9%，招生人员 7.9%，教务人员 9.3%，主讲教师 14.8%，辅导教师 10.6%，教学设计人员 10.5%，资源建设人员 7.5%，技术支持人员

4.3%，研究人员 9.4%，学生 9.7%。结合表 4-24 的平均值，可以得到标准 24 至标准 27 的加权平均值，分别是 4.36、4.43、4.37 和 4.35。

表 4-24　要素六各个标准项加权平均值

	管理层	招生人员	教务人员	主讲教师	辅导教师	教学设计人员	资源建设人员	技术支持人员	研究人员	学生	加权平均值
标准 24	4.37	4.24	4.41	4.4	4.32	4.34	4.28	4.32	4.51	4.42	4.36
标准 25	4.42	4.32	4.46	4.46	4.39	4.43	4.37	4.4	4.59	4.49	4.43
标准 26	4.35	4.33	4.41	4.45	4.3	4.36	4.3	4.34	4.47	4.42	4.37
标准 27	4.35	4.35	4.35	4.35	4.35	4.35	4.35	4.35	4.35	4.35	4.35

每条标准项的加权平均值如图 4-27 所示，标准 25 加权平均值最高，为 4.43，其次为标准 26，再次是标准 24，最后是标准 27。从加权平均值来看，最受重视的是标准 25，相对不受重视的是标准 27。四条标准项的加权平均值均在 4 以上，说明都很重要。

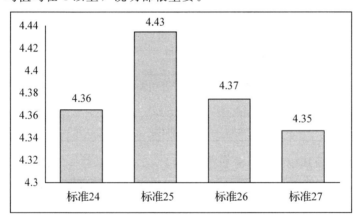

图 4-27　"专业建设"要素中标准 24 至标准 27 加权平均值

3. 小结

从因素分析来看，标准 24、标准 25、标准 26、标准 27 对第六要素专业建设的解释度均较高。从加权平均值来看，四条标准项的加权平均值均高于 4，说明各个角色对四条标准项较为重视。从因素分析和平均值综合分析，应保留这四条标准项。

七、第七要素：课程设计与开发

1. 因素分析

对于第七要素中的五个标准项，通过因素分析得到每条标准项的因素负荷，分别为 0.862、0.859、0.734、0.859、0.864（如表 4-25 所示）。标准 32 "建立了完善的课程审核机制和定期更新机制"对课程设计与开发是最重要的，其次是"课程开发有明确的指导方针、建设机制和流程规范"，再次是"课程目标明确，学习内容完整，结构合理，学习指导详细"和"合理运用丰富的多媒体资源和工具，符合相关技术标准，具有较强的兼容性、开放性"，而"采用多种教学策略，设计丰富的交互活动"相对受重视程度稍低一些。五条标准项的因素负荷均高于 0.5，说明这五条标准项对"课程设计与开发"这一要素的解释度较高。

表 4-25　要素七因素分析结果

标准项	因素负荷
28. 课程开发有明确的指导方针、建设机制和流程规范。	0.862
29. 课程目标明确，学习内容完整，结构合理，学习指导详细。	0.859
30. 采用多种教学策略，设计丰富的交互活动。	0.734
31. 合理运用丰富的多媒体资源和工具，符合相关技术标准，具有较强的兼容性、开放性。	0.859
32 建立了完善的课程审核机制和定期更新机制。	0.864

2. 标准项加权平均值分析

根据专家排序法得到各个角色对课程设计与开发要素中的话语权权重，管理者 7.9%，招生人员 4.4%，教务人员 6.9%，主讲教师 15.3%，辅导教师 11.5%，教学设计人员 15.8%，资源建设人员 13.5%，技术支持人员 8.7%，研究人员 7.8%，学生 8.3%。结合平均值，求出标准 28 至标准 32 的加权平均值，如表 4-26 所示，分别为 4.32、4.38、4.17、4.34、4.30。

表 4-26　要素七各个标准项加权平均值

	管理层	招生人员	教务人员	主讲教师	辅导教师	教学设计人员	资源建设人员	技术支持人员	研究人员	学生	加权平均值
标准 28	4.34	4.22	4.38	4.33	4.2	4.29	4.32	4.28	4.41	4.39	4.32
标准 29	4.39	4.24	4.39	4.37	4.31	4.36	4.36	4.38	4.53	4.47	4.38
标准 30	4.29	4.12	4.29	4.3	4.3	4.26	4.25	2.82	4.43	4.38	4.17
标准 31	4.33	4.19	4.29	4.37	4.29	4.36	4.31	4.32	4.45	4.42	4.34
标准 32	4.29	4.17	4.35	4.34	4.2	4.27	4.28	4.24	4.39	4.41	4.30

　　每条标准项的加权平均值如图 4-28 所示，标准 29 加权平均值最高，为 4.38，其次为标准 31，再次是标准 28，最后是标准 30。从加权平均值来看，最受重视的是标准 29，相对不受重视的是标准 30。四条标准项的平均值均在 4 以上，说明都很重要。

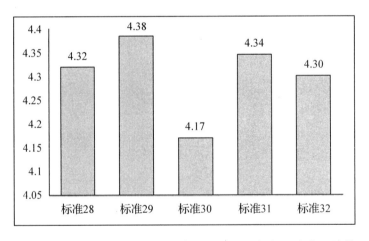

图 4-28　"课程设计与开发"要素中标准 28 至标准 32 加权平均值

3. 小结

　　从因素分析来看，标准 28、标准 29、标准 30、标准 31、标准 32 对第七要素"课程设计与开发"的解释度均较高。从加权平均值来看，五条标准项的平均值均高于 4，说明各个角色对五条标准项较为重视。从因素分析和加权平均值综合来看，应保留这五条标准项。

在这个要素中，有一个比较有趣的现象，常规来看"采用多种教学策略，设计丰富的交互活动"是非常重要的一个标准，但在调查研究中发现，大家对于这个标准的打分相对低于其他几个标准。通过对标准 30 的角色平均分分析发现（如图 4-29 所示），技术支持人员的打分比其他 9 种角色的打分显著低，技术支持人员的平均分不到 3，其他角色的打分平均分基本是在 4 分多，相对打分最高的是研究者。也就是说大多数技术支持人员认为"采用多种教学策略，设计丰富的交互活动"不重要。

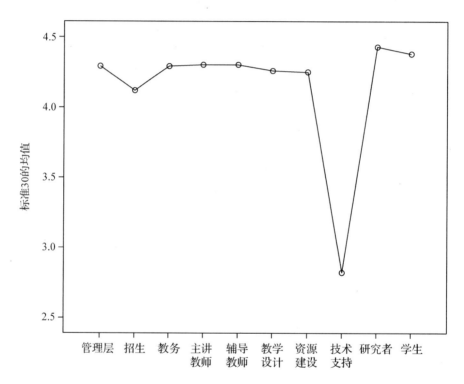

图 4-29　不同角色群体对标准 30 的打分情况

对标准 30 进行角色多重分析（如表 4-27 所示）发现，技术支持人员跟其他九种角色在这一标准的重要性判断上存在显著差异，技术支持人员对其重要性的判断显著低于其他角色。另外，学生在标准 30 的重要性判断上显著高于招生人员。

表 4-27　标准 30 角色多重分析

因变量	(I) 角色	(J) 角色	均值差 (I−J)	标准误	显著性	95％置信区间	
						下限	上限
标准 30	技术支持人员	管理层	−1.470*	0.067	0.000	−1.68	−1.26
		招生人员	−1.299*	0.097	0.000	−1.61	−0.99
		教务人员	−1.469*	0.073	0.000	−1.7	−1.24
		主讲教师	−1.481*	0.085	0.000	−1.75	−1.21
		辅导教师	−1.483*	0.093	0.000	−1.78	−1.19
		教学设计人员	−1.440*	0.082	0.000	−1.7	−1.18
		资源建设人员	−1.429*	0.084	0.000	−1.69	−1.16
		研究人员	−1.609*	0.132	0.000	−2.03	−1.19
		学生	−1.563*	0.056	0.000	−1.74	−1.39
	学生	招生人员	.264*	0.082	0.045	0	0.52

　　为了理清技术支持人员对标准 30 的重要性打分低的原因，笔者访谈了技术支持人员。技术人员认为课程主要是讲课录课的方式，课程内容靠讲授的方式传递足矣，多种教学媒体以及多种交互活动在他们看来是没有必要的。总体来说，技术支持人员对交互活动和学习活动并没有概念，他们更关注现有的讲课录课的课程形式，而对促进学习的教学方法和教学手段并不关注。

八、第八要素：学习支持与学生管理

1. 因素分析

　　对于第八要素中的八个标准项，通过因素分析得到每条标准项的因素负荷，分别为 0.816、0.838、0.845、0.811、0.794、0.549、0.538、0.790（如表 4-28 所示）。标准 34 "为学生提供媒体、技术支持，及时解决学习中的技术问题"对于学习支持与学生管理来说是最重要的，其次是"为学生提供有效的学习技能培训，包括学习管理系统使用、自主学习技能、时间管理等，培养学生的自主学习能力"，再次是"为学生提供答疑、辅导、作业批改等支持服务，及时帮助学生解决学习中的问题"，而标准 38"建立了灵活开放的学习管理制度,实施各类学习成果的认证、积累和转换,方便学生学习"和标准 39"激励并支持学习有困难的学生,为学生提供资金援助、心理支持、就业咨询等服务"相对不受重视。八条标准项的因素负荷均高于 0.5,说明这八条标准项对"学习支持与学生管理"这一要素的解释度较高。相对来说,标准 38 和标准 39 对该要素解释程度低一些。

表 4-28   要素八因素分析结果

标准项	因素负荷
33. 为学生提供答疑、辅导、作业批改等支持服务,及时帮助学生解决学习中的问题。	0.816
34. 为学生提供有效的学习技能培训,包括学习管理系统使用、自主学习技能、时间管理等,培养学生的自主学习能力。	0.838
35. 为学生提供媒体、技术支持,及时解决学习中的技术问题。	0.845
36. 采用合适的技术,通过多样化的渠道,促进师生之间、生生之间的互动。	0.811
37. 为学生提供及时、准确的入学注册、学籍管理、信息管理等服务。	0.794
38. 建立了灵活开放的学习管理制度,实施各类学习成果的认证、积累和转换,方便学生学习。	0.549
39. 激励并支持学习有困难的学生,为学生提供资金援助、心理支持、就业咨询等服务。	0.538
40. 有健全的投诉机制和便捷的投诉渠道,以保证学生的权益。	0.790

2. 标准项加权平均值分析

根据专家排序法得到各个角色对学习支持与学生管理的话语权权重,管理者 8.0%,招生人员 5.9%,教务人员 12.5%,主讲教师 11.3%,辅导教师 16.5%,教学设计人员 9.4%,资源建设人员 6.5%,技术支持人员 8.6%,研究人员 6.0%,学生 15.4%。结合表 4-29 的平均值,求出标准 33 至标准 40 的加权平均值,如表 4-29 所示,分别为 4.45、4.37、4.36、4.31、4.50、4.12、3.95、4.30。

表 4-29　要素八各个标准项加权平均值

	管理层	招生人员	教务人员	主讲教师	辅导教师	教学设计人员	资源建设人员	技术支持人员	研究人员	学生	加权平均值
标准 33	4.51	4.34	4.47	4.31	4.43	4.45	4.35	4.43	4.53	4.53	4.45
标准 34	4.4	4.28	4.33	4.32	4.3	4.4	4.27	4.34	4.55	4.48	4.37
标准 35	4.33	4.3	4.33	4.31	4.34	4.27	4.31	4.35	4.43	4.48	4.36
标准 36	4.28	4.21	4.29	4.31	4.33	4.31	4.26	4.25	4.35	4.4	4.31
标准 37	4.43	4.39	4.38	4.34	4.8	4.38	4.31	4.41	4.76	4.52	4.50
标准 38	4.73	3.07	3.37	4.37	4.39	4.69	3.42	3.18	4.9	4.48	4.12
标准 39	4.27	3.17	3.29	4.34	4.23	4.29	3.19	3.23	4.16	4.44	3.95
标准 40	4.34	4.14	4.28	4.23	4.2	4.31	4.24	4.33	4.31	4.46	4.30

　　每条标准项的加权平均值如图 4-30 所示，标准 37 最高，为 4.50，其次为标准 33，再次是标准 34，平均分较低的是标准 38 和标准 39。从加权平均值来看，最受重视的是标准 37，相对不受重视的是标准 38 和标准 39。这八条标准除了标准 39，其余标准平均值都在 4 以上，说明都很重要。而标准 39 的加权平均值为 3.95，介于中间态度和重要之间，接近于重要。

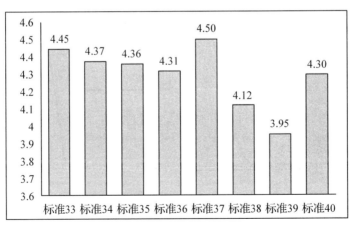

图 4-30　"学习支持与学生管理"要素中标准 33 至标准 40 加权平均值

3. 小结

从因素分析来看，标准 33、标准 34、标准 35、标准 36、标准 37 和标准 40 对第八要素"学习支持与学生管理"的解释度均较高，而标准 38 和标准 39 对该要素的解释度相对稍低。从加权平均值来看，除了标准 39，其余七条标准项的平均值高于 4，说明各个角色对这七标准项较为重视。从因素分析和加权平均值综合来看，保留标准 33、标准 34、标准 35、标准 36、标准 37 和标准 40 这六条标准。对标准 38 和标准 39 进一步分析来决定去留。

（1）标准 38。

从图 4-31 可直观看出，对标准 18 的打分有明显分层，管理层、主讲教师、辅导教师、教学设计人员、研究者以及学生的打分平均值在 4 以上，而在这六种角色中，打分相对较高的是管理层、教学设计人员和研究人员。招生、教务、资源建设人员、技术支持人员的打分较低，均在 3.5 以下。

通过对标准 38 角色多重分析后发现，管理层在标准 38 的重要性判断

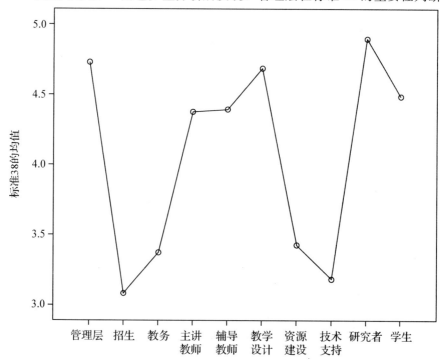

图 4-31　不同角色群体对标准 38 的打分情况

上，明显高于招生人员、教务人员、主讲教师、辅导教师、资源建设人员、技术支持人员和学生；主讲教师在标准38的重要性判断上，明显低于管理层，但是高于招生人员、教务人员、教学设计人员、资源建设人员、技术支持人员和研究人员；辅导教师在标准38的重要性判断上，明显低于管理层，但是高于招生人员、教务人员、资源建设人员、技术支持人员和学生；教学设计人员在标准38的重要性判断上，明显高于招生人员、教务人员、主讲教师、资源建设人员、技术支持人员和学生；研究人员在标准38的重要性判断上，明显高于招生人员、教务人员、主讲教师、辅导教师、资源建设人员、技术支持人员和学生；学生在标准38的重要性判断上，明显低于管理层、教学设计人员和研究人员，但是明显高于招生人员、教务人员、资源建设人员和技术支持人员。也就是说管理层、教学设计人员和研究人员都认为标准38"建立了灵活开放的学习管理制度，实施各类学习成果的认证、积累和转换，方便学生学习"非常重要，而招生人员、教务人员、资源建设人员和技术支持人员认为这一条标准相对不重要。

表 4-30　标准 38 角色多重分析

因变量	（I）角色	（J）角色	均值差（I－J）	标准误	显著性	95％置信区间 下限	上限
标准38	管理层	招生人员	1.656*	0.089	0.000	1.37	1.94
		教务人员	1.355*	0.063	0.000	1.16	1.55
		主讲教师	.355*	0.077	0.000	0.11	0.6
		辅导教师	.336*	0.085	0.003	0.07	0.61
		资源建设人员	1.309*	0.076	0.000	1.07	1.55
		技术支持人员	1.549*	0.066	0.000	1.34	1.76
		学生	.252*	0.044	0.000	0.11	0.39
	主讲教师	管理层	－.355*	0.077	0.000	－0.6	－0.11
		招生人员	1.301*	0.103	0.000	0.97	1.63
		教务人员	1.000*	0.081	0.000	0.74	1.26
		教学设计人员	－.311*	0.09	0.020	－0.6	－0.03
		资源建设人员	.954*	0.091	0.000	0.66	1.24
		技术支持人员	1.194*	0.084	0.000	0.93	1.46
		研究人员	－.524*	0.136	0.004	－0.95	－0.09

续表

因变量	（I）角色	（J）角色	均值差（I−J）	标准误	显著性	95％置信区间	
						下限	上限
标准38	辅导教师	管理层	−.336*	0.085	0.003	−0.61	−0.07
		招生人员	1.320*	0.11	0.000	0.97	1.67
		教务人员	1.019*	0.09	0.000	0.74	1.3
		资源建设人员	.973*	0.099	0.000	0.66	1.29
		技术支持人员	1.213*	0.092	0.000	0.92	1.5
		研究人员	−.505*	0.141	0.013	−0.95	−0.06
	教学设计	招生人员	1.612*	0.101	0.000	1.29	1.93
		教务人员	1.311*	0.079	0.000	1.06	1.56
		主讲教师	.311*	0.09	0.020	0.03	0.6
		资源建设人员	1.265*	0.089	0.000	0.98	1.55
		技术支持人员	1.505*	0.081	0.000	1.25	1.76
		学生	.208*	0.064	0.039	0.01	0.41
	研究人员	招生人员	1.825*	0.143	0.000	1.37	2.28
		教务人员	1.524*	0.128	0.000	1.12	1.93
		主讲教师	.524*	0.136	0.004	0.09	0.95
		辅导教师	.505*	0.141	0.013	0.06	0.95
		资源建设人员	1.478*	0.135	0.000	1.05	1.91
		技术支持人员	1.718*	0.13	0.000	1.31	2.13
		学生	.421*	0.12	0.017	0.04	0.8
	学生	管理层	−.252*	0.044	0.000	−0.39	−0.11
		招生人员	1.403*	0.081	0.000	1.15	1.66
		教务人员	1.103*	0.051	0.000	0.94	1.27
		教学设计人员	−.208*	0.064	0.039	−0.41	−0.01
		资源建设人员	1.057*	0.066	0.000	0.85	1.27
		技术支持人员	1.297*	0.055	0.000	1.12	1.47
		研究人员	−.421*	0.12	0.017	−0.8	−0.04

（2）标准39。

由图 4-32 可见，对标准 39 的重要性判断有分层现象。管理者、主讲教师、辅导教师、教学设计人员、研究人员和学生打分平均分在 4 以上，而招生人员、教务人员、资源建设人员和技术支持人员的打分平均值在 3.2 左右。这个分层现象跟标准 38 的打分情况类似。

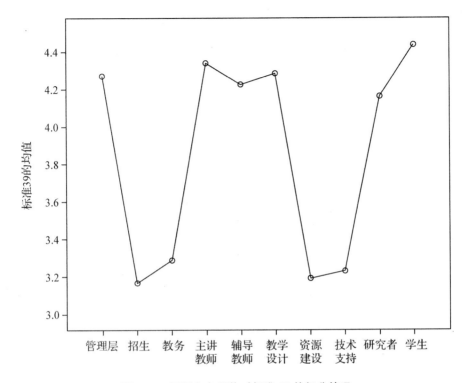

图 4-32　不同角色群体对标准 39 的打分情况

对标准 39 进行角色多重分析，管理层在标准 39 的重要性判断上，比招生人员、教务人员、资源建设人员和技术人员显著高，但是比学生显著低；主讲教师在标准 39 的重要性判断上，比招生人员、教务人员、资源建设人员和技术人员显著高；辅导教师在标准 39 的重要性判断上，比招生人员、教务人员、资源建设人员和技术人员显著高；教学设计人员在标准 39 的重要性判断上，比招生人员、教务人员、资源建设人员和技术人员显著高；研究人员在标准 39 的重要性判断上，比招生人员、教务人员、资源建设人员和技术人员显著高；学生在标准 39 的重要性判断上，比管理层、招生人员、教务人员、资源建设人员和技术人员显著高。也就是说，第一梯度的管理者、主讲教师、辅导教师、教学设计人员、研究人员和学生在标准 39 的重要性判断上，显著高于第二梯度的招生人员、教务人员、资源建设人员和技术支持人员，并且学生跟管理层相比，重要性判断显著高。

表 4-31 标准 39 角色多重分析

因变量	（I）角色	（J）角色	均值差（I-J）	标准误	显著性	95%置信区间	
						下限	上限
标准 39	管理层	招生人员	1.108*	0.096	0.000	0.81	1.41
		教务人员	.981*	0.068	0.000	0.77	1.19
		资源建设人员	1.084*	0.081	0.000	0.83	1.34
		技术支持人员	1.041*	0.071	0.000	0.82	1.27
		学生	−.166*	0.047	0.014	−0.31	−0.02
	主讲教师	招生人员	1.178*	0.11	0.000	0.83	1.53
		教务人员	1.051*	0.087	0.000	0.78	1.33
		资源建设人员	1.154*	0.098	0.000	0.84	1.46
		技术支持人员	1.112*	0.09	0.000	0.83	1.4
	辅导教师	招生人员	1.064*	0.118	0.000	0.69	1.44
		教务人员	.937*	0.096	0.000	0.63	1.24
		资源建设人员	1.040*	0.106	0.000	0.7	1.38
		技术支持人员	.998*	0.098	0.000	0.69	1.31
	教学设计人员	招生人员	1.122*	0.108	0.000	0.78	1.46
		教务人员	.995*	0.084	0.000	0.73	1.26
		资源建设人员	1.098*	0.095	0.000	0.8	1.4
		技术支持人员	1.055*	0.087	0.000	0.78	1.33
	研究人员	招生人员	.998*	0.153	0.000	0.51	1.48
		教务人员	.871*	0.138	0.000	0.44	1.31
		资源建设人员	.974*	0.145	0.000	0.52	1.43
		技术支持人员	.931*	0.139	0.000	0.49	1.37
	学生	管理层	.166*	0.047	0.014	0.02	0.31
		招生人员	1.274*	0.087	0.000	1	1.55
		教务人员	1.147*	0.055	0.000	0.97	1.32
		资源建设人员	1.250*	0.071	0.000	1.03	1.47
		技术支持人员	1.207*	0.059	0.000	1.02	1.39

总的来说，招生人员、教务人员、资源建设人员和技术人员对标准 38 和标准 39 的重要性评价均低于其他角色。对于标准 38"学习成果的积累和认证"目前很多学校还没有太多实质性的举措，招生人员、教务人员、资源建设人员和技术人员相对专注于自己岗位内工作，并没有意识到学习成果认证、积累和转换的重要性。这是一个比较前沿、在学术层

面被探讨得较多的理念，而在目前的机构实际工作中并没有体现，这就不难解释为什么学术人员对标准 38 的打分是最高的。对标准 39 "为学生提供资金、心理、就业咨询等服务"打分较低，缘于这些角色对成人学习者的认知不同于校内全日制教育的学生，他们认为远程学生如果享受校内全日制学生的所有服务，就会挤占高校校内的资源。标准 38 具有前瞻性，其意义不可小觑，学习成果认证、积累和转换是高等远程教育与传统高等教育地位一致的标志，两种教育形式在同一性质量观和同一个资历架构下进行学分的对接，方便学生学习。标准 39 也非常重要，因远程教育不能像传统教育那样一直面对面授课，学生看不到老师和同学，难免产生懈怠或失落，故心理支持非常重要，而资金援助也能够提供给更多的人学习的机会，也非常重要。并且，标准 38 和标准 39 的加权平均值均在 4 左右，故保留标准 38 和标准 39。

九、第九要素：学习评价

1. 因素分析

对于第九要素中的五个标准项，通过因素分析得到每条标准项的因素负荷，分别为 0.852、0.886、0.887、0.881、0.870（如表 4-32 所示）。标准 43 "采用过程性评价和总结性评价相结合的方式评价学生的学习，并将结果及时反馈给学生"对于学习评价来说是最重要的，其次是"制定了与学习目标相对应的科学、公平的学习评价标准"，再次是"建

表 4-32　要素九因素分析结果

标准项	因素负荷
41. 向学生公开学习评价标准、评价制度，并向学生提供学习评价的咨询和指导。	0.852
42. 制定了与学习目标相对应的科学、公平的学习评价标准。	0.886
43. 采用过程性评价和总结性评价相结合的方式评价学生的学习，并将结果及时反馈给学生。	0.887
44. 建立过程性评价结果的反馈机制，帮助学生及时改进学习。	0.881
45. 建立学习评价分析、总结报告和反馈制度，为加强教学、管理和服务工作提供依据。	0.870

立过程性评价结果的反馈机制，帮助学生及时改进学习"，而"向学生公开学习评价标准、评价制度，并向学生提供学习评价的咨询和指导"相对不受重视。五条标准项的因素负荷均高于 0.5，说明这五条标准项对"学习评价"这一要素的解释度较高。

2. 标准项加权平均值分析

根据专家排序法得到各个角色对学习评价的话语权权重，管理者8.0%，招生人员5.1%，教务人员11.5%，主讲教师15.7%，辅导教师16.5%，教学设计人员11.3%，资源建设人员6.8%，技术支持人员4.5%，研究人员7.4%，学生13.2%。结合表4-33的平均值，求出标准41至标准45的加权平均值，如表4-33所示，分别是4.27、4.28、4.32、4.33和4.31。

表4-33　要素九各个标准项加权平均值

	管理层	招生人员	教务人员	主讲教师	辅导教师	教学设计人员	资源建设人员	技术支持人员	研究人员	学生	加权平均值
标准41	4.3	4.1	4.27	4.19	4.17	4.31	4.25	4.25	4.51	4.4	4.27
标准42	4.27	4.06	4.27	4.2	4.27	4.31	4.24	4.2	4.51	4.39	4.28
标准43	4.33	4.21	4.32	4.29	4.3	4.35	4.21	4.23	4.41	4.41	4.32
标准44	4.31	4.22	4.31	4.29	4.31	4.37	4.3	4.24	4.45	4.41	4.33
标准45	4.32	4.18	4.3	4.25	4.33	4.33	4.23	4.24	4.37	4.39	4.31

每条标准的加权平均值如图4-33所示，标准44加权平均值最高，为4.33，其次为标准43，再次是标准45，最后是标准41。从加权平均值来看，最受重视的是标准44，相对不受重视的是标准41。四条标准的加权平均值均在4以上，说明都很重要。

3. 小结

从因素分析来看，标准41、标准42、标准43、标准44、标准45对第九要素学习评价的解释度均较高。从加权平均值来看，五条标准项的平均值均高于4，说明各个角色对五条标准项较为重视。从因素分析和加权平均值综合来看，应保留这五条标准项。

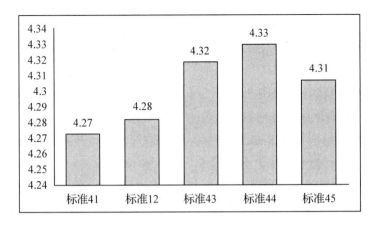

图 4-33 "学习评价"要素中标准 41 至标准 45 加权平均值

十、第十要素：内部质量保证

1. 因素分析

对于第一要素中的四个标准项，通过因素分析得到每条标准项的因素负荷，分别为 0.873、0.893、0.871、0.489（如表 4-34 所示）。标准 47 "针对各个办学环节编制质量手册，制定并公开了机构内部质量保证标准和指标"对内部质量保证是最重要的，其次是"建立了机构内部质量管理机构和质量保证机制，对办学质量进行定期评估和及时反馈，并制定奖惩制度确保持续改进"，再次是"定期开展学生、教师、用人单位等利益相关者的满意度调查，吸纳建议并及时改进"，而"定期接受外部评审机构的认证、评估，并根据结果及时改进"相对不受重视。从四条

表 4-34 要素十因素分析结果

标准项	因素负荷
46. 建立了机构内部质量管理机构和质量保证机制，对办学质量进行定期评估和及时反馈，并制定奖惩制度确保持续改进。	0.873
47. 针对各个办学环节编制质量手册，制订并公开了机构内部质量保证标准和指标。	0.893
48. 定期开展学生、教师、用人单位等利益相关者的满意度调查，吸纳建议并及时改进。	0.871
49. 定期接受外部评审机构的认证、评估，并根据结果及时改进。	0.489

标准项的因素负荷来看，标准46、标准47和标准48高于0.5，这三条标准项对"内部质量保证"这一要素的解释度较高，而标准49的因素负荷为0.498，解释度一般。

2. 标准项加权平均值分析

根据专家排序法得到各个角色对内部质量保证的话语权权重，管理者16.2%，招生人员6.6%，教务人员13.6%，主讲教师11.3%，辅导教师11.3%，教学设计人员11.2%，资源建设人员7.6%，技术支持人员5.7%，研究人员9.9%，学生6.5%。结合表4-35的平均值，求出每条标准的加权平均值。标准46至标准49的加权平均值如表4-35所示，分别是4.33、4.26、4.24和4.23。

表4-35　要素十各个标准项加权平均值

	管理层	招生人员	教务人员	主讲教师	辅导教师	教学设计人员	资源建设人员	技术支持人员	研究人员	学生	加权平均值
标准46	4.34	4.13	4.39	4.25	4.31	4.33	4.25	4.27	4.57	4.37	4.33
标准47	4.27	4.07	4.25	4.24	4.23	4.25	4.24	4.19	4.45	4.35	4.26
标准48	4.27	4.09	4.23	4.22	4.28	4.19	4.15	4.17	4.37	4.37	4.24
标准49	4.29	4.14	4.27	4.23	4.25	4.31	4.25	4.22	4.27	3.97	4.23

每条标准项的平均值如图4-34所示，标准46最高，为4.33，其次为

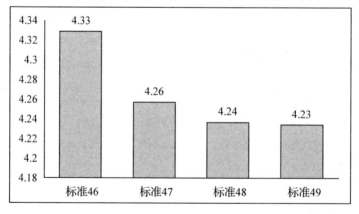

图4-34　"内部质量保证"要素中标准46至标准49加权平均值

标准 47，再次是标准 48，最后是标准 49。从加权平均值来看，最受重视的是标准 46，相对不受重视的是标准 49。四条标准的平均值均在 4 以上，说明都很重要。

3. 小结

从因素分析来看，标准 46、标准 47、标准 48 对第十要素内部质量保证的解释度均较高，标准 49 对这一要素的解释度一般，其因素负荷为 0.498。从加权平均值来看，四条标准项的平均值均高于 4，说明各个角色对四条标准项较为重视。从因素分析和平均值综合来看，应保留标准 46、标准 47 和标准 48。对标准 49 进一步分析决定去留。

图 4-35 显示了不同角色对标准 49 的打分分布，学生对标准 49 的打分明显较低，其次是招生人员，而管理层、教务人员、教学设计人员和研究人员对标准 49 的重要性判断基本一致，打分介于 4.2～4.3。

对标准 49 进行角色的多重分析发现，管理层、招生、教务、主讲教

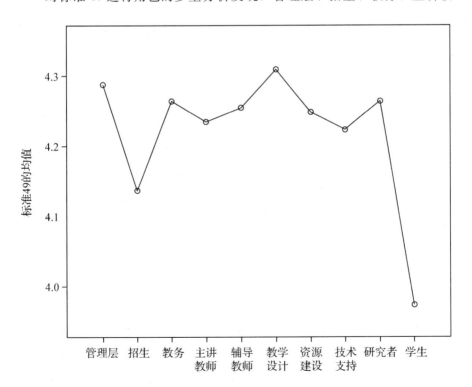

图 4-35　不同角色群体对标准 49 的打分情况

师、辅导教师、教学设计、资源建设、技术支持和研究者这九种角色之间无显著差异，而学生跟部分角色之间存在显著差异，如管理层、教务人员、主讲教师、辅导教师、教学设计人员、资源建设人员和技术支持人员，学生对标准49的重要性判断显著低于这些角色。

表 4-36　标准 49 角色多重分析

因变量	（I）角色	（J）角色	均值差（I−J）	标准误	显著性	95％置信区间 下限	95％置信区间 上限
标准49	学生	管理层	−.315*	0.043	0	−0.45	−0.18
		招生人员	−0.165	0.08	0.55	−0.42	0.09
		教务人员	−.293*	0.05	0	−0.45	−0.13
		主讲教师	−.261*	0.066	0.003	−0.47	−0.05
		辅导教师	−.281*	0.076	0.008	−0.52	−0.04
		教学设计人员	−.337*	0.063	0	−0.54	−0.14
		资源建设人员	−.276*	0.065	0.001	−0.48	−0.07
		技术支持人员	−.251*	0.054	0	−0.42	−0.08
		研究人员	−0.293	0.118	0.274	−0.66	0.08

总体来说，学习者对标准49"定期接受外部评审机构的认证、评估，并根据结果及时改进"重要性判断相对较低。通过对远程学习者的访谈，发现远程学习者对机构是否定期接受评审并改进他们的质量不关注，他们更注重直接感受到的服务、课程，而对于机构运行状况并不关心。但事实上，机构定期接受外部的评审可使机构明确自身的质量问题，直接改进机构的服务、课程，以及其他的方方面面，故标准49很重要。另外，标准49的加权平均值为4.23，故保留标准49。

十一、第十一要素：学术研究

1. 因素分析

对于第十一要素中的四个标准项，通过因素分析得到每条标准项的因素负荷，分别为0.725、0.703、0.709、0.746（如表4-37所示）。标准53"有良好的教学、科研互动机制，能及时将研究产生的成果应用到教学实践中，推动机构的可持续发展"对学术研究是最重要的，其次是

"重视对学生、新媒体、质量保证以及远程教育教学规律等的研究",再次是"对研究所需的基本办公设备、资金、政策等给予支持",而"建立激励机制,鼓励教职员工进行研究"相对不受重视。从四条标准项的因素负荷均高于0.5,说明这四条标准项对"学术研究"这一要素的解释度较高。

表 4-37　要素十一因素分析结果

标准项	因素负荷
50. 重视对学生、新媒体、质量保证以及远程教育教学规律等的研究。	0.725
51. 建立激励机制,鼓励教职员工进行研究。	0.703
52. 对研究所需的基本办公设备、资金、政策等给予支持。	0.709
53. 有良好的教学、科研互动机制,能及时将研究产生的成果应用到教学实践中,推动机构的可持续发展。	0.746

2. 标准项加权平均值分析

根据专家排序法得到各个角色对学术研究要素中的话语权权重,管理者13.2%,招生人员3.6%,教务人员6.9%,主讲教师13.9%,辅导教师12.0%,教学设计人员12.2%,资源建设人员9.8%,技术支持人员7.2%,研究人员18.2%,学生3.0%。结合下表的平均值,可以求出每条标准项的加权平均值。标准50至标准53的加权平均值如表4-38所示,分别是4.46、4.43、4.35和4.46。

表 4-38　要素十一各个标准项加权平均值

	管理层	招生人员	教务人员	主讲教师	辅导教师	教学设计人员	资源建设人员	技术支持人员	研究人员	学生	加权平均值
标准50	4.36	4.28	4.33	4.34	4.35	4.4	4.4	4.34	4.94	4.12	4.46
标准51	4.25	4.25	4.33	4.4	4.38	4.29	4.36	4.26	4.96	3.95	4.43
标准52	4.29	4.18	4.32	4.37	4.41	4.3	4.33	4.25	4.55	3.99	4.35
标准53	4.33	4.23	4.32	4.4	4.46	4.41	4.37	4.21	4.96	4.05	4.46

每条标准项的加权平均值如图4-36所示,可见标准50和标准53加权平均值最高,为4.46,其次为标准51,最后是标准52。从加权平均值

来看，最受重视的是标准 50 和标准 53，相对不受重视的是标准 52。四条标准项的加权平均值均在 4 以上，说明都很重要。

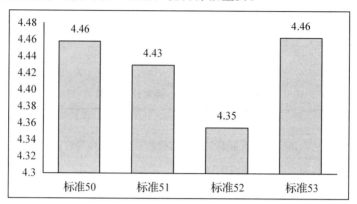

图 4-36 "学术研究"要素中标准 50 至标准 53 加权平均值

3. 小结

从因素分析来看，标准 50、标准 51、标准 52、标准 53 对第十一要素学术研究的解释度均较高。从加权平均值来看，四条标准项的加权平均值均高于 4，说明各个角色对四条标准项较为重视。从因素分析和加权平均值综合来看，应保留这四条标准项。

第七节　高等远程教育质量保证标准终稿

根据调查数据分析，不对高等远程教育标准初稿中的要素和标准项进行删除，最终决定保留这 11 个要素和 53 条标准项。11 个要素为高等远程教育质量关键环节，分别为办学资质、组织管理、师资队伍、基础设施、招生宣传、专业建设、课程设计与开发、学习支持与学生管理、学习评价、内部质量保证和学术研究（如图 4-37 所示）。

在这 11 个要素中，每个要素都涵盖若干标准项，共 53 个标准项，高等远程教育质量保证标准终稿如表 4-39 所示。

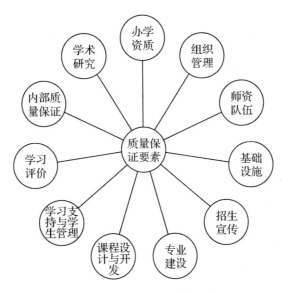

图 4-37　高等远程教育质量保证要素

表 4-39　高等远程教育质量保证标准终稿

要素	标　　准
办学 资质	1. 办学理念先进，使命和目标明确，人才培养定位科学合理，体现机构优势和特色，符合远程教育发展趋势和经济社会发展要求。
	2. 机构通过了有关部门或机构的资格审批。
	3. 领导团队务实、决策力强，工作人员都达到规定的任职资格要求。
	4. 建立了员工可持续发展的培训机制，通过提高员工业务素质来不断提升办学服务水平。
组织 管理	5. 内部管理体制完善，组织架构合理，部门之间职责明确，相互配合。
	6. 机构和学习中心职责明确，对学习中心有完善的管理制度，以确保服务质量。
	7. 有完善的经费管理制度和内外部审计制度。
	8. 合作渠道和合作模式多元，能够与地方政府、行业企业、其他办学机构以及专业公司在资源建设、人才培养等方面进行合作。
师资 队伍	9. 建立了数量充足、结构合理、满足需求的师资队伍，确保生师比合理。
	10. 制定了严格的师资聘任标准和合理的选拔机制。
	11. 建立了完善的师资考核标准和机制，定期对教师进行评估并建立了奖惩制度。
	12. 能够为主讲教师、辅导教师和工作人员在工作过程中遇到的困难提供充分、及时的支持。

续表

要素	标　准
基础设施	13. 具有支撑机构教育服务的网络设施、仪器设备和媒体工具等软硬件条件。
	14. 有设施、设备、媒体工具的建设规划，能够根据需求不断更新升级。
	15. 有符合技术标准的完善的教学管理平台和系统，方便师生使用，确保运行稳定、流畅。
	16. 网络、媒体环境运行可靠稳定。
	17. 有完善的信息安全措施。
招生宣传	18. 招生宣传材料真实有效，无虚假模糊信息。
	19. 宣传资料由机构统一管理，不能由学习中心擅自印发。
	20. 资料提供专业、课程、培养目标、学分要求等方面的详细信息。
	21. 资料提供入学要求、学费、技术与支持服务等方面的明确信息。
	22. 招生工作符合相关法律、政策规定和要求。
	23. 信息提供方式和途径利于学生和相关人员获取。
专业建设	24. 专业设置符合社会需求，体现机构优势和特色，并建立了专业评估及动态调整机制。
	25. 培养方案内容完整，详细说明专业培养目标、人才培养规格、基本学制及修业年限、毕业标准及授予学位、课程设置、教学方式、课程教学大纲等内容。
	26. 专业培养目标和人才培养规格符合在职成人学生的需求和特点。
	27. 培养方案中的课程设置及结构关系科学，确保人才培养目标的实现。
课程设计与开发	28. 课程开发有明确的指导方针、建设机制和流程规范。
	29. 课程目标明确，学习内容完整，结构合理，学习指导详细。
	30. 采用多种教学策略，设计丰富的交互活动。
	31. 合理运用丰富的多媒体资源和工具，符合相关技术标准，具有较强的兼容性、开放性。
	32. 建立了完善的课程审核机制和定期更新机制。
学习支持与学生管理	33. 为学生提供答疑、辅导、作业批改等支持服务，及时帮助学生解决学习中的问题。
	34. 为学生提供有效的学习技能培训，包括学习管理系统使用、自主学习技能、时间管理等，培养学生的自主学习能力。
	35. 为学生提供媒体、技术支持，及时解决学习中的技术问题。
	36. 采用合适的技术，通过多样化的渠道，促进师生之间、生生之间的互动。
	37. 为学生提供及时、准确的入学注册、学籍管理、信息管理等服务。

要素	标　准
学习支持与学生管理	38. 建立了灵活开放的学习管理制度，实施各类学习成果的认证、积累和转换，方便学生学习。
	39. 激励并支持学习有困难的学生，为学生提供资金援助、心理支持、就业咨询等服务。
	40. 有健全的投诉机制和便捷的投诉渠道，以保证学生的权益。
学习评价	41. 向学生公开学习评价标准、评价制度，并向学生提供学习评价的咨询和指导。
	42. 制定了与学习目标相对应的科学、公平的学习评价标准。
	43. 采用过程性评价和总结性评价相结合的方式评价学生的学习，并将结果及时反馈给学生。
	44. 建立过程性评价结果的反馈机制，帮助学生及时改进学习。
	45. 建立学习评价分析、总结报告和反馈制度，为加强教学、管理和服务工作提供依据。
内部质量保证	46. 建立了机构内部质量管理机构和质量保证机制，对办学质量进行定期评估和及时反馈，并制定奖惩制度确保持续改进。
	47. 针对各个办学环节编制质量手册，制订并公开了机构内部质量保证标准和指标。
	48. 定期开展学生、教师、用人单位等利益相关者的满意度调查，吸纳建议并及时改进。
	49. 定期接受外部评审机构的认证、评估，并根据结果及时改进。
学术研究	50. 重视对学生、新媒体、质量保证以及远程教育教学规律等的研究。
	51. 建立激励机制，鼓励教职员工进行研究。
	52. 对研究所需的基本办公设备、资金、政策等给予支持。
	53. 有良好的教学、科研互动机制，能及时将研究产生的成果应用到教学实践中，推动机构的可持续发展。

第五章
中国高等远程教育质量保证标准的分析

远程教育质量保证由两个层次构成，一个是要素，一个是标准项。本章将结合调研得到的结果，对质量保证要素和标准项进行进一步的剖析和探讨，以期能为标准进一步的应用做好铺垫工作。

第一节 中国高等远程教育质量保证标准的要素分析

根据调研数据，得到各个角色对要素的打分，从而得到各个角色对要素的重要性排序，"1"表示重视程度最高，"2"为其次，以此类推，"11"为重视程度最低，如表5-1所示。

对于办学资质，角色之间的观点差异性较小，大家对办学资质的重要性评价均较高，其中管理层、教务人员和教学设计人员对其最为看重；对于组织管理，研究人员和学生对其重视度较低，招生人员、教务人员和主讲教师对其重视度较高；对于师资队伍，大家对其重视程度均居中；对于基础设施，大家的重视程度都较高，其中资源建设人员和技术支持人员最高，均排序为第一；对于招生宣传，角色之间的差异性较大，招生人员对其排序为1，而教学设计人员和研究人员对其排序为9；对于专业建设，重视程度大多居中，而主讲教师和技术支持人员则认为非常重要；对于课程设计与开发，排序均相对不高，并且辅导教师和技术支持人员将其排为最后；对于学习支持，评价差异很大，管理层、辅导教师和教学设计人员认为很重要，而招生人员、教务人员和资源建设人员将其列为最后；对于学习评价和内部质量保证这两个要素，各角色对其重视程度均不高；对学术研究的评价差异很大，辅导教师和研究人员将其列为第一，而管理层和学生对其排序非常靠后。总的来说，大家对办学资质、基础设施的重视程度均较高，对于师资队伍、专业建设重视程度居中，对于课程设计与开发、学习评价和内部质量保证的重视程度均相对较低，而对于组织管理、招生宣传、学习支持与学生管理以及学术研究，各个角色之间存在较大争议。

不同角色关注的要素和本身角色承担的工作有很大的关联性。不同角色的要素重要性排序（如表5-1所示）清晰地呈现了不同角色对与自身工作相关的要素重视程度往往较高，管理层注重办学资质，招生人员重视招生与宣传，主讲教师重视专业建设，技术支持人员重视基础设施，研究人员重视学术研究，学生重视学习支持与学生管理。不同角色因为承担的工作的不同，决定着其对整个远程教育的观察视角的不同，而视角的不同则会导致对同一个事物产生不一样的见解，这就是本研究要融合多方利益相关者视角的原因，不同的视角和部位加起来才是一个完整的远程教育系统。

表 5-1　不同角色的要素重要性排序

角色	办学资质	组织管理	师资队伍	基础设施	招生宣传	专业建设	课程设计与开发	学习支持与学生管理	学习评价	内部质量保证	学术研究
管理层	1	3	8	5	6	4	7	2	10	11	9
招生人员	3	2	7	5	1	4	8	11	9	10	6
教务人员	1	2	5	5	6	4	7	11	9	10	8
主讲教师	6	2	5	3	8	1	7	9	10	11	4
辅导教师	6	7	4	3	8	5	11	2	9	10	1
教学设计人员	1	4	6	3	9	5	10	2	8	11	7
资源建设人员	2	4	7	1	8	3	5	11	9	10	6
技术支持人员	2	6	5	1	4	3	11	10	8	9	7
研究人员	5	11	4	2	9	6	8	3	7	10	1
学生	2	9	6	3	4	5	7	1	8	10	11

表 5-2 显示的是不要性别的要素重要性排序,男女性在要素上的排序基本一致,男女性均将办学资质、基础设施、专业建设和师资队伍排序为第 1、第 2、第 3 和第 4,男女性对学习评价、内部质量保证和学术研究的重要性排序均相对靠后,男女性对招生管理、学习支持与学生管理的重要性排序为居中。对组织管理和课程设计与开发的排序男女性稍稍有些不一致,男性将组织管理排序居中,而女性将其排序靠后,课程设计与开发男性认为相对不重要,而女性将其排序居中。

表 5-2 不同性别的要素重要性排序

性别	办学资质	组织管理	师资队伍	基础设施	招生宣传	专业建设	课程设计与开发	学习支持与学生管理	学习评价	内部质量保证	学术研究
男	1	6	4	2	7	3	9	5	8	10	11
女	1	8	4	2	5	3	7	6	9	10	11

表 5-3 呈现了不同年龄阶段对要素的排序,对于办学资质,除了 70 以上的人,均对办学资质的排序很高;对于组织管理,41 岁以上的人均认为组织管理重要,而 30 岁以下均认为组织管理相对不重要;对于师资队伍,观点差异较大,70 岁以上排序较低,51~70 岁排序较高,50 岁以下观点一致,均排序居中;对于基础设施,70 岁以上对其排序较低,而其他年龄阶段对其排序均较高;对于招生宣传,不同年龄阶段的争议较大,70 岁以上的认为很重,31~50 岁和 20 岁以下对其排序居中,而51~70 岁对其排序较低;对于专业建设,不同年龄阶段观点一致,均相对较高;对于学习支持与学生管理,70 岁以上将其列为第一,而其他角色对其重视程度居中;对于学习评价,21~30 岁的人和 51 岁以上的人对其排序居中,31~50 岁和 20 岁以下对其排序靠后;对于内部质量保证和学术研究这两个要素,不同年龄层次对其排序均较靠后。总体来说,不同年龄阶段对办学资质和基础设施的重视程度很高,对专业建设和学习评价的重视程度居中,对内部质量保证和学术研究的重视程度相对比较低,而对于组织管理、师资队伍、招生宣传、课程设计与开发、学习支持与学生管理,不同年龄阶段的人争议较大。

表 5-3 不同年龄的要素重要性排序

年龄	办学资质	组织管理	师资队伍	基础设施	招生宣传	专业建设	课程设计与开发	学习支持与学生管理	学习评价	内部质量保证	学术研究
70 岁以上	10	3	10	8	2	4	9	1	5	11	6
51～70 岁	1	4	2	3	9	5	6	8	7	10	11
41～50 岁	1	4	5	2	6	3	9	7	8	10	11
31～40 岁	1	6	4	2	5	3	8	7	9	10	11
21～30 岁	1	9	6	2	8	3	7	4	5	10	11
20 岁以下	2	9	7	1	6	3	5	4	8	10	11

表 5-4 显示了不同民族对要素的排序，可以看出不同民族对要素的排序基本一致，汉族和少数民族均认为办学资质、基础设施、专业建设重要，均将组织管理、师资队伍、学习支持与学生管理排序居中，课程设计与开发、内部质量保证和学术研究排序均较为靠后。而对招生宣传、学习评价的排序稍有争议，汉族将招生宣传排序居中，而少数民族对招生宣传的排序稍靠后；汉族对学习评价的排序靠后，而少数民族对学习评价的排序居中。

表 5-4 不同民族的要素重要性排序

民族	办学资质	组织管理	师资队伍	基础设施	招生宣传	专业建设	课程设计与开发	学习支持与学生管理	学习评价	内部质量保证	学术研究
汉族	1	7	4	2	6	3	8	5	9	10	11
少数民族	4	7	5	2	9	3	8	3	6	10	11

表 5-5 显示了不同地域对要素的排序，对于办学资质，各个地域的观点差异较小，均对其排序靠前；对于组织管理，六个区域对其重视程度相对不高，对其排序居中或靠后；对于师资队伍，重要程度居中；对于基础设施，六个地域对其重视程度也非常高；对招生宣传，六个地域对其排序介于 4～9，相对而言，华东地区的重视一些，其他地区对其重视程度并不高；对于专业建设，六个区域均将其列为第三；对于课程设计

与开发，大家对其重要性排序介于 6～9，可见重视程度不高；对于学习支持与学生管理，各区域对其重视程度均居中；对于学习评价，大家对其重视程度居中或靠后；对于内部质量保证，不同地域都将其列为第 10 位，而对于学术研究，不同地域均将其列为第 11 位。

各个地区都将办学资质、基础设施和专业建设排序为前三，可见各地区对这三个要素均重视。除此之外，中南地区和西南地区将师资队伍排序为第四，西北地区将学习支持与学生管理排序为第四，华北和东北地区也将学习支持排序第四，华东地区则将招生宣传排为第四。可见，除了办学资质、基础设施和专业建设，中南地区和西南地区注重师资队伍，西北、华北、东北地区重视学习支持与学生管理，华东地区重视招生宣传。所以，对要素的重要性判断的观点可以划分为三大区域，即北方、南方、东部。若机构是北方区域的，需要关注办学资质、基础设施、专业建业，也需要关注学习支持与管理管理，关注学生的学术支持和非学术支持。

表 5-5　不同地域的要素重要性排序

地域	办学资质	组织管理	师资队伍	基础设施	招生宣传	专业建设	课程设计与开发	学习支持与学生管理	学习评价	内部质量保证	学术研究
中南	1	8	4	2	9	3	6	5	7	10	11
西南	1	5	4	2	6	3	8	7	9	10	11
西北	2	9	5	1	8	3	7	4	6	10	11
华东	1	6	5	2	4	3	8	9	7	10	11
华北	1	7	6	2	5	3	9	4	8	10	11
东北	2	9	5	1	7	3	6	4	8	10	11

表 5-6 显示的是不同机构对要素的排序，对于办学资质、基础设施、专业建设，三类机构对其的排序均较高；对于师资队伍、学习支持与学生管理，三类机构均将其排序居中；对于组织管理、招生宣传、课程设计与开发、学习评价，对其排序居中或靠后，重视程度均不是很高；对于内部质量保证和学术研究，三类机构对其的评价都较低，分别列为第 10 位和第 11 位。总体来说，这三类机构对要素的重要性排序比较一致。

表 5-6　不同机构的要素重要性排序

机构类型	办学资质	组织管理	师资队伍	基础设施	招生宣传	专业建设	课程设计与开发	学习支持与学生管理	学习评价	内部质量保证	学术研究
网院	1	7	4	2	5	3	8	6	9	10	11
开放大学	3	8	5	2	9	1	6	4	7	10	11
电大	1	9	4	2	8	3	6	5	7	10	11

　　基于以上不同机构对要素的重要性判断分析归纳，可得到表 5-7。大家对办学资质和基础设施排序均靠前；对于专业建设，不同性别、不同民族、不同地域和不同机构均对其排序靠前，而不同角色和不同年龄对其排序居中。对于师资队伍，不同性别对其排序靠前，不同角色、不同民族、不同地域、不同机构排序居中，而不同年龄对其排序有争议；对组织管理，不同民族和不同地域排序均居中，不同角色、不同性别、不同年龄、不同机构对其排序有争议；对于招生宣传，不同性别对其排序均居中，而不同角色、不同年龄、不同民族、不同地域和不同机构对其排序有争议；对于学习支持与学生管理，不同性别、不同民族、不同地域和不同机构对其均排序居中，不同角色和不同年龄对其排序有争议。对于课程设计与开发，不同角色和不同民族排序均靠后，不同地域排序均居中，而不同性别、不同年龄和不同机构对其排序有争议；对于学习评价，不同年龄和不同地域均排序居中，不同角色和不同性别排序均靠后，不同民族和不同机构对其排序有争议；对于内部质量保证，不同角色、不同性别、不同年龄、不同民族、不同地域和不同机构均排序靠后；对于学术研究，不同性别、不同年龄、不同民族、不同地域和不同机构均排序靠后，而不同角色对其排序有争议。

　　总体来说，办学资质、基础设施和专业建设的受重视程度高，师资队伍、组织管理、招生宣传、学习支持与学生管理受重视程度居中，课程设计与开发、学习评价、内部质量保证、学术研究受重视程度相对较低。

表 5-7　不同类型要素排序

类型	办学资质	组织管理	师资队伍	基础设施	招生宣传	专业建设	课程设计与开发	学习支持与学生管理	学习评价	内部质量保证	学术研究
角色	↑	○	→	↑	○	→	↓	○	↓	↓	○
性别	↑	○	↑	↑	→	↑	○	→	↓	↓	↓
年龄	↑	○	○	↑	↑	↑	○	○	→	↓	↓
民族	↑	→	→	↑	↑	↑	↓	→	○	↓	↓
地域	↑	→	→	↑	○	↑	→	→	↓	↓	↓
机构	↑	○	↑	↑	↑	↑	○	→	○	↓	↓

注：↑表示统一排序很高　→表示统一排序居中　↓表示统一排序靠后　○表示排序不一致，有争议

根据上表的分析，可以绘出 11 个要素的总体重要性顺序（如图 5-1 所示），最受重视的是位于三角形顶尖的浅灰色部分，为办学资质、基础设施和专业建设，居中的三角形中间的深色阴影部分，为师资队伍、组

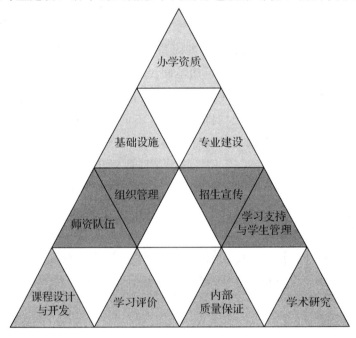

图 5-1　总体要素排序

织管理、招生宣传和学习支持与学生管理，相对不受重视的是在三角形底部的阴影斜线部分，为课程设计与开发、学习评价、内部质量保证和学术研究。因此各个机构都要格外重视办学资质、基础设施和专业建设。这在一定程度上符合实践的状况，办学资质、基础设施和专业建设这三个要素确实是机构能够正常运行的基本要素和基本条件，有了办学资质，配以基础设施，再进行专业建设，机构才能开展下一步的工作，才能进行课程设计开发以及教学相关工作的开展。

第二节　中国高等远程教育质量保证标准的标准项分析

根据调查数据，得到 10 种角色对标准项重要性的打分排序，表 5-8 显示了 10 种角色各自认为最重要的前 10 条标准项，标准项的排序表明其平均分的高低。可见，管理层和教学设计人员认为建立灵活开放的学习管理制度，实施各类学习成果的认证、积累和转换是最重要的，招生人员认为宣传资料由机构统一管理，不能由助学机构擅自印发是最重要的，教务人员、资源建设人员和技术支持人员均认为教学管理平台和系统是最重要的，辅导教师认为为学生提供及时准确的入学注册、学习管理、信息管理等服务为最重要，研究人员认为建立激励机制，鼓励教职员工进行研究是最重要的，而学习者最关注的是机构通过有关部门或机构的资格审批。在 10 类角色最重视的标准项中，标准 15 "有符合技术标准的完善的教学管理平台和系统，方便师生使用，确保运行稳定、流程"被诸多角色提及。

表 5-8　不同角色最重视的 10 条标准项

排序	管理层	招生人员	教务人员	主讲教师	辅导教师	教学设计人员	资源建设人员	技术支持人员	研究人员	学生
1	标准38	标准19	标准15	标准25	标准37	标准38	标准15	标准15	标准51	标准2
2	标准33	标准18	标准1	标准8	标准33	标准3	标准16	标准2	标准50	标准33
3	标准1	标准37	标准5	标准15	标准52	标准17	标准1	标准33	标准38	标准37
4	标准4	标准5	标准4	标准1	标准17	标准33	标准13	标准13	标准37	标准22

排序	管理层	招生人员	教务人员	主讲教师	辅导教师	教学设计人员	资源建设人员	技术支持人员	研究人员	学生
5	标准 37	标准 15	标准 13	标准 26	标准 25	标准 25	标准 50	标准 37	标准 15	标准 18
6	标准 3	标准 2	标准 18	标准 16	标准 38	标准 4	标准 2	标准 25	标准 2	标准 17
7	标准 25	标准 8	标准 16	标准 12	标准 2	标准 22	标准 3	标准 18	标准 25	标准 15
8	标准 5	标准 16	标准 33	标准 4	标准 15	标准 2	标准 25	标准 3	标准 9	标准 25
9	标准 8	标准 22	标准 6	标准 5	标准 12	标准 8	标准 8	标准 22	标准 10	标准 16
10	标准 15	标准 1	标准 9	标准 13	标准 13	标准 1	标准 14	标准 16	标准 46	标准 38

表 5-9 显示了男女性各自认为最重要的 10 条标准项，标准项的排序表明其平均分的高低。男性最重视的是标准 2"机构通过了有关部门或机构的资格审批"，女性最重视的是标准 33"为学生提供答疑、辅导、作业批改等支持服务，及时帮助学生解决学习中的问题"。

表 5-9　不同性别最重视的 10 条标准项

排序	男	女
1	标准 2	标准 33
2	标准 37	标准 18
3	标准 33	标准 37
4	标准 15	标准 22
5	标准 16	标准 15
6	标准 22	标准 25
7	标准 25	标准 2
8	标准 18	标准 4
9	标准 17	标准 3
10	标准 1	标准 16

表 5-10 显示了各年龄阶段认为最重要的前 10 条标准项，标准项的排序表明其平均分的高低。70 岁以上最重视的是标准 39"激励并支持学习有困难的学生，为学生提供资金援助、心理支持、就业咨询等服务"，51～70 岁的人最重视标准 1"办学理念先进，使命和目标明确，人才培

养定位科学合理，体现机构优势和特色，符合远程教育发展趋势和经济社会发展要求"，41～50 岁和 21～30 岁的人都最重视标准 33 "为学生提供答疑、辅导、作业批改等支持服务，及时帮助学生解决学习中的问题"，31～40 岁的人最重视是标准 2 "机构通过了有关部门或机构的资格审批"，20 岁以下的最重视标准 18 "招生宣传材料真实有效，无虚假模糊信息"。

表 5-10　不同年龄最重视的 10 条标准项

排序	70 岁以上	51～70 岁	41～50 岁	31～40 岁	21～30 岁	20 岁以下
1	标准 39	标准 1	标准 33	标准 2	标准 33	标准 18
2	标准 53	标准 3	标准 16	标准 15	标准 37	标准 17
3	标准 19	标准 33	标准 15	标准 33	标准 22	标准 15
4	标准 38	标准 37	标准 2	标准 18	标准 2	标准 22
5	标准 45	标准 5	标准 37	标准 37	标准 18	标准 33
6	标准 25	标准 10	标准 4	标准 22	标准 25	标准 2
7	标准 3	标准 15	标准 1	标准 16	标准 17	标准 35
8	标准 7	标准 4	标准 25	标准 25	标准 15	标准 31
9	标准 8	标准 13	标准 22	标准 1	标准 16	标准 37
10	标准 20	标准 9	标准 3	标准 3	标准 29	标准 20

表 5-11 显示了不同民族各自认为最重要的前 10 条标准项，标准项的排序表明其平均分的高低。可以看出，汉族最重视标准 33 "为学生提供答疑、辅导、作业批改等支持服务，及时帮助学生解决学习中的问题"，少数民族最重视标准 37 "为学生提供及时、准确的入学注册、学籍管理、信息管理等服务"。

表 5-11　不同民族最重视的 10 条标准项

排序	汉族	少数民族
1	标准 33	标准 37
2	标准 2	标准 25
3	标准 37	标准 33
4	标准 15	标准 17
5	标准 22	标准 13

排序	汉族	少数民族
6	标准 18	标准 34
7	标准 16	标准 22
8	标准 25	标准 15
9	标准 3	标准 43
10	标准 4	标准 4

表 5-12 显示了不同地域各自认为最重要的前 10 条标准项。可见中南地区和华北地区均十分重视标准 33 "为学生提供答疑、辅导、作业批改等支持服务，及时帮助学生解决学习中的问题"，西北地区和东北地区均非常重视标准 37 "为学生提供及时、准确的入学注册、学籍管理、信息管理等服务"，西南地区最重视标准 17 "有完善的信息安全措施"，华东地区最重视标准 2 "机构通过了有关部门或机构的资格审批"。

表 5-12 不同地域最重视的 10 条标准项

排序	中南	西南	西北	华东	华北	东北
1	标准 33	标准 17	标准 37	标准 2	标准 33	标准 37
2	标准 15	标准 18	标准 15	标准 18	标准 37	标准 17
3	标准 25	标准 33	标准 33	标准 22	标准 2	标准 16
4	标准 37	标准 2	标准 25	标准 33	标准 17	标准 15
5	标准 16	标准 22	标准 22	标准 15	标准 18	标准 18
6	标准 2	标准 4	标准 4	标准 25	标准 22	标准 33
7	标准 1	标准 1	标准 2	标准 1	标准 16	标准 22
8	标准 9	标准 25	标准 34	标准 37	标准 15	标准 35
9	标准 3	标准 3	标准 3	标准 3	标准 25	标准 13
10	标准 13	标准 15	标准 16	标准 16	标准 3	标准 2

表 5-13 显示了三种类型机构各自认为最重要的前 10 条标准项，标准项的排序表明其平均分的高低。可见网院最重视的是标准 2 "机构通过了有关部门或机构的资格审批"，开放大学最重视的是标准 37 "为学生提供及时、准确的入学注册、学籍管理、信息管理等服务"，电大最重视的是标准 33 "为学生提供答疑、辅导、作业批改，及时帮助学生

解决学习中的问题"。

表 5-13　不同机构最重视的 10 条标准项

排序	网院	开放大学	电大
1	标准 2	标准 37	标准 33
2	标准 18	标准 33	标准 37
3	标准 33	标准 29	标准 25
4	标准 22	标准 15	标准 17
5	标准 15	标准 16	标准 15
6	标准 37	标准 25	标准 22
7	标准 16	标准 9	标准 3
8	标准 25	标准 26	标准 4
9	标准 17	标准 34	标准 34
10	标准 4	标准 13	标准 16

根据以上标准项的分析，得到如下结论：

（1）重视远程教育目前存在的环节（资质、平台、答疑、信息服务），对目前没有或者很少存在的环节（学分认证、支持有困难的学生）重视程度较低。

53 个标准项中，普遍最受重视的四个标准项为办学资质要素中的标准项"机构通过有关部门的审批"、基础设施要素中的标准项"有符合技术标准的完善的教学管理平台和系统"、学习支持与学生管理要素中的标准项"为学生提供答疑、辅导、作业批改等支持服务"和标准项"为学生提供及时准确的入学注册、学籍管理、信息管理等服务这四点"。普遍认为重要的四点涵盖了远程学习的主要环节，即机构的资质、用于学习的平台、学习过程中的答疑以及信息管理服务，这些环节被大家所熟知、所认同，但从中也可发现大家认为重要的还是现阶段远程教育领域已经存在的环节，对于"建立了灵活开放的学习管理制度，实施各类学习成果的认证、积累和转换，方便学习"和"激励并支持学习有困难的学生，为学生提供资金援助、心理支持等服务"这些在目前的远程教育领域内较少出现的环节，重要性判断存在较大争议，招生人员、教务人员、资源建设人员、技术支持人员对其重视程度相对较低，管理者、主讲教师、辅导教师、教学设计人员、研究人员和学生对其重视程度相对较高。

（2）男性关注"物"，如信息安全、培养方案等，女性关注"人"，如领导、教职工的任职资格。

男性和女性重视的标准项存在一些相同之处，比如标准 2"机构通过了有关部门或机构的资格审批"、标准 37"为学生提供及时、准确的入学注册、学籍管理、信息管理等服务"、标准 33"为学生提供答疑、辅导、作业批改等支持服务，及时帮助学生解决学习中的问题"。但也发现不同性别在标准项的关注上会体现性别特征，男性更关注基础设施中的信息安全措施、培养方案制定是否完整完善，而女性则更关注领导团队是否务实、工作人员是否达到了相应的任职资格、是否有相关的员工可持续发展的培训机制。可见男性对"物"的关注程度高，而女性对"人"的关注程度高。如果机构以女性学习者居多，建议格外重视机构的领导、员工、师资等问题，以及由人产生的服务问题。

（3）汉族和少数民族都重视基础设施和专业建设，汉族较为注重机构资质、员工资质等办学资质，而少数民族注重支持服务和学习评价。

从不同民族对要素的排序可以看出，汉族将基础设施排序为第二，将专业建设排序为第三，少数民族将基础设施排序为第二，将专业建设排序为第一，可见汉族和少数民族都重视基础设施和专业建设。对照着不同民族对要素的排序和不同民族对标准项的排序，汉族重视办学资质中的"机构通过了有关部门或机构的资格审批"和"领导团队务实、决策力强，工作人员都达到规定的任职资格要求"，而少数民族重视"为学生提供有效的学习技能培训，包括学习管理系统使用、自主学习技能、时间管理等，培养学生的自主学习能力"和"采用过程性评价和总结性评价相结合的方式评价学生的学习，并将结果及时反馈给学生"，可见汉族较为注重机构资质、员工资质等办学资质，而少数民族注重支持服务和学习评价。若机构主要针对的是少数民族学习者，除了要重视基础设施和专业建设之外，关注教学过程中的支持服务和评价。

（4）电大更关注领导、员工的资质以及信息安全措施，网院更关注机构的资格审批、招生问题，开放大学更关注专业培养方案和课程方面的内容。

从三类机构的标准重要性排序可以看出一些共性，比如都重视教学管理平台及网络媒体的运行稳定可靠性。另外，从排序可获知电大重视"领导团队务实、决策力强，工作人员都达到规定的任职资格要求""建立了员工可持续发展的培训机制，通过提高员工业务素质来不断提升办学服务水平""有完善的信息安全措施"；网院重视"机构通过了有关部门或机构的资格审批""招生宣传材料真实有效，无虚假模糊信息""招生工作符合相关法律、政策规定和要求"；开放大学重视"建立了数量充足、结构合理、满足需求的师资队伍，确保生师比合理""专业培养目标和人才培养规格符合在职成人学生的需求和特点""课程目标明确，学习内容完整，结构合理，学习指导详细"。总的来说，电大重视领导资质、员工的资质、信息安全等办学条件问题，网院关注资格审批、招生问题，开放大学关注专业培养方案和课程方面的内容。相比较电大和网院，开放大学在中国是一个新兴事物。开放大学在现今形势下，需要思考开放大学如何能够建成具有中国特色、高质量的大学，如何成为终身教育体系建设的重要推动力量，如何培养符合社会需求的人才。对专业培养方案和课程方面的内容的关注和思考，正是符合现阶段开放大学所要突破的关键所在。

第三节　适应性标准定制的工具

通过以上数据分析获得两张表格，分别为不同标签人群对标准项的重要性判断（如表 5-14 所示）和不同标签人群对要素的重要性判断（如表 5-15 所示），这两张表格即为标准定制应用的参考工具。机构可以根据自身的标签，找到表格中对应的部分，在实际标准的制定或使用过程中参考这些信息，明确自身机构需要关注的标准项和要素，以期能够为标准在具体情境下的使用提供参考和依据。

表 5-14　不同标签人群对标准项的重要性判断

类型		最重视的前 10 条标准									
角色	管理层	标准38	标准33	标准1	标准4	标准37	标准3	标准25	标准5	标准8	标准15
	招生人员	标准19	标准18	标准37	标准5	标准15	标准2	标准8	标准16	标准22	标准1
	教务人员	标准15	标准1	标准5	标准4	标准13	标准18	标准16	标准33	标准6	标准9
	主讲教师	标准25	标准8	标准15	标准1	标准26	标准16	标准12	标准4	标准5	标准13
	辅导教师	标准37	标准33	标准52	标准17	标准25	标准38	标准2	标准15	标准12	标准13
	教学设计人员	标准38	标准3	标准17	标准33	标准25	标准4	标准22	标准2	标准8	标准1
	资源建设人员	标准15	标准16	标准1	标准13	标准50	标准2	标准3	标准25	标准8	标准14
	技术支持人员	标准15	标准2	标准33	标准13	标准37	标准25	标准18	标准3	标准22	标准16
	研究人员	标准51	标准50	标准38	标准37	标准15	标准2	标准25	标准9	标准10	标准46
	学生	标准2	标准33	标准37	标准22	标准18	标准17	标准15	标准25	标准16	标准38
性别	男	标准2	标准37	标准33	标准15	标准16	标准22	标准25	标准18	标准17	标准1
	女	标准33	标准18	标准37	标准22	标准15	标准25	标准2	标准4	标准3	标准16
年龄	70岁以上	标准39	标准53	标准19	标准38	标准45	标准25	标准3	标准7	标准8	标准20
	51～70岁	标准1	标准3	标准33	标准37	标准5	标准10	标准15	标准4	标准13	标准9
	41～50岁	标准33	标准16	标准15	标准2	标准37	标准4	标准1	标准25	标准22	标准3
	31～40岁	标准2	标准15	标准33	标准18	标准37	标准22	标准16	标准25	标准1	标准3
	21～30岁	标准33	标准37	标准22	标准2	标准18	标准25	标准17	标准15	标准16	标准29
	20岁以下	标准18	标准17	标准15	标准22	标准33	标准2	标准35	标准31	标准37	标准20
民族	汉族	标准33	标准2	标准37	标准15	标准22	标准18	标准16	标准25	标准3	标准4
	少数民族	标准37	标准25	标准33	标准17	标准13	标准34	标准22	标准15	标准43	标准4
地域	中南	标准33	标准15	标准25	标准37	标准16	标准2	标准1	标准9	标准3	标准13
	西南	标准17	标准18	标准33	标准2	标准22	标准4	标准1	标准25	标准3	标准15
	西北	标准37	标准15	标准33	标准25	标准22	标准4	标准2	标准34	标准3	标准16
	华东	标准2	标准18	标准22	标准33	标准15	标准25	标准1	标准37	标准3	标准16
	华北	标准33	标准37	标准17	标准18	标准22	标准16	标准15	标准25	标准3	
	东北	标准37	标准17	标准16	标准5	标准18	标准33	标准22	标准35	标准13	标准2
机构	网院	标准2	标准18	标准33	标准22	标准15	标准37	标准16	标准25	标准17	标准4
	开放大学	标准37	标准33	标准29	标准15	标准16	标准25	标准9	标准26	标准34	标准13
	电大	标准33	标准37	标准25	标准17	标准15	标准22	标准3	标准4	标准34	标准16

表 5-15 不同标签人群对要素的重要性判断

类型		办学资质	组织管理	师资队伍	基础设施	招生宣传	专业建设	课程设计与开发	学习支持与学生管理	学习评价	内部质量保证	学术研究
角色	管理层	1	3	8	5	6	4	7	2	10	11	9
	招生人员	3	2	7	5	1	4	8	11	9	10	6
	教务人员	1	2	5	3	6	4	7	11	9	10	8
	主讲教师	6	2	5	3	8	1	7	9	10	11	4
	辅导教师	6	7	4	3	8	5	11	2	9	10	1
	教学设计人员	1	4	6	3	9	5	10	2	8	11	7
	资源建设人员	2	4	7	1	8	5	6	11	9	10	3
	技术支持人员	2	6	5	1	4	3	11	10	8	9	7
	研究人员	5	11	4	2	9	6	8	3	7	10	1
	学生	2	9	6	3	4	5	7	1	8	10	11
性别	男	1	6	4	2	7	3	9	5	8	10	11
	女	1	8	4	2	5	3	7	6	9	10	11
年龄	70 岁以上	10	3	10	8	2	4	9	1	5	11	6
	51~70 岁	1	4	2	3	9	5	6	8	7	10	11
	41~50 岁	1	4	5	2	6	3	9	7	8	10	11
	31~40 岁	1	4	5	2	6	3	8	7	9	10	11
	21~30 岁	1	9	6	2	8	3	7	4	5	10	11
	20 岁以下	2	9	7	1	6	5	3	4	8	10	11
民族	汉族	1	7	4	2	6	3	8	5	9	10	11
	少数民族	4	7	5	2	9	1	8	3	6	10	11
地域	中南	1	8	4	2	9	3	6	5	7	10	11
	西南	1	5	4	2	6	3	8	7	9	10	11
	西北	2	9	5	1	8	3	7	4	6	10	11
	华东	1	6	5	2	4	3	8	9	7	10	11
	华北	1	7	6	2	5	3	9	4	8	10	11
	东北	2	9	5	1	7	3	6	4	8	10	11
机构	网院	1	7	4	2	9	3	8	6	5	10	11
	开放大学	3	8	5	2	9	1	6	4	7	10	11
	电大	1	9	4	2	8	3	6	5	7	10	11

举例说明标准定制应用的参考工具的使用方法。如果机构为主要针对西北地区少数民族学生的网院，那么主要标签为西北、少数民族、网院。对应表 5-14 上标签显示的重要的标准项，该机构着重需要考虑的为

标准 2、标准 3、标准 4、标准 13、标准 15、标准 16、标准 17、标准 18、标准 22、标准 25、标准 33、标准 34、标准 37 和标准 43（如表 5-16 所示）。该类型的机构需要关注办学资质中的资格审批、领导团队和员工发展机制，关注基础设施中的软硬件条件、系统平台、网络媒体运行可靠性和信息安全问题，关注招生宣传中的招生宣传材料的真实性和招生工作的合法性，关注专业建设中的培养方案完整性，关注学习支持与学生管理中的及时答疑和辅导、学生学习技能的培训、提供入学注册/学籍管理/信息管理等服务，关注学习评价中过程性评价和总结性评价相结合。

同样，根据标签找到表 5-15 对应的要素排序，得到表 5-17。对排序值相加得到要素排序总值，根据排序总值可知该机构要重视基础设施，其次是办学资质和专业建设，再次是学习支持与学生管理和师资队伍。

表 5-16　西北地区针对少数民族学生的网院重视的标准

标签	重视的标准								
西北	标准 37	标准 15	标准 33	标准 25	标准 22	标准 4	标准 2	标准 34	标准 3	标准 16
少数民族	标准 37	标准 25	标准 33	标准 17	标准 13	标准 34	标准 22	标准 15	标准 43	标准 4
网院	标准 2	标准 18	标准 33	标准 22	标准 15	标准 37	标准 16	标准 25	标准 17	标准 4

表 5-17　西北地区针对少数民族学生的网院重视的要素

类型	办学资质	组织管理	师资队伍	基础设施	招生宣传	专业建设	课程设计与开发	学习支持与学生管理	学习评价	内部质量保证	学术研究
西北	2	9	5	1	8	3	7	4	6	10	11
少数民族	4	7	5	2	9	1	8	3	6	10	11
网院	1	7	4	2	5	3	8	6	9	10	11
排序总值	7	23	14	5	22	7	23	13	21	30	33

除了上述的例子，还有很多其他类型的机构。假设机构是面向东北地区女性的网院，那么标签就是东北、女性、网院；假设机构是针对 50 岁以上人群的开放大学，那么标签就是开放大学、51～70 岁、70 岁以上。机构可根据自身机构的特点和标签，在表格中找到对应的标签呈现的信息，这些信息将是机构在进一步标准使用或制定上需要着重思考和衡量的。

第六章　展　望

第一节　远程教育质量保证体系与资历框架

远程教育在社会上的质量声誉较低，如何提高远程教育质量并提升远程教育质量声誉，值得深入思考。笔者认为先前政府和办学机构在质量上的诸多努力都没有起到实质效果的原因是它们的工作停留在质量管理层面，较为零散、不成体系，没有真正落实到质量保证工作中，再加上公众并不了解远程教育的质量管理工作，一些害群之马机构的出现，让公众对远程教育有了偏见。质量保证和质量管理有所区别，质量保证是一个前摄性的质量活动，以过程为导向，主要关注于防止过程中问题的发生；质量管理是反应性的质量活动，以产品和结果为导向的，主要关注的是对结果的检验。因此，质量保证是提升高等远程教育质量的关键，建立一个系统的完善的高等远程教育质量保证体系迫在眉睫。一方面帮助远程教育系统在运行中有法可依、有理可循，促进其质量的全面提升，另一方面使得公众知晓远程教育的质量保证方法和流程，消除公众认为"远程教育就是混文凭"的偏见。

高等远程教育质量保证体系的核心为质量保证标准，而质量保证标准的构建基于一定的质量观，也就是说质量观是质量保证标准的先驱性问题。当采取市场化质量观的时候，在标准的制定中需要体现以社会效益或市场反馈为核心，在专业设置的时候需要紧跟市场步伐，在学生培养的时候需要采用市场化的价值观，也需要在后续跟踪毕业的学生调研他们是否符合市场需求。当采取分立性质量观,明确远程教育学生的毕业定位,在课程设计和培养方案的制订上也要与传统高校有所区别。

同一性质量观也是国际上较为认可的一种质量观,比如英国、澳大利亚等国家均采用同一性质量观,坚持在同一性质量观的指导下,开展评估和认证工作,只是在具体的评估指标和过程上所有差异。英国开放大学教育质量评估与普通高校采用统一标准,并受普通高校的质量监控。英国开放大学的教学督导员是从其他大学挑选的,以保证其使用与其他大学相同的标准①。英国高等教育拨款委员会在评价英国开放大学时所采用的评价体系是与评价传统高校的标准一致的,标准包括课程设计、教学内容和教学组织、教学和检查考核系统设计、学生学习发展与成果、学生学习支持服务和指导、学习资源、质量保证和完善机制等方面。② 一项针对 15 位英国开放大学教职工的大学质量观调查结果显示,教职工普遍认为开放大学提供了与普通高校同等优质的高等教育,并采取了相同的质量标准;实现了质量目标的相关要求,并拥有丰富的课程材料、完善的学生支持服务、较高的科研水平等。③ 英国开放大学正是由于秉持着同一性质量观,其教育质量在英国高校中一直名列前茅,不仅是英国高等教育界,也是世界远程教育领域中的一棵"常青藤"。④ 澳大利亚的远程教育模式为典型的双重模式,所谓双重模式就是一所大学同时承担传统面授教育与现代远程教育,如澳大利亚的南昆士兰大学等。不管是传统校园的学生,还是远程教育的学生,这些学生入学后采用的是相同的教学大纲、教学要求和考试要求,只是教学模式不同。两类学生同一门课程考试后,其所取得的学分是相同的,并可以相互认证。同样,学生

---

① 罗洪兰,邓幸涛,杨亭亭.(2001).中国电大远程教育质量保证体系及标准初探(上)[J].中国远程教育,(11):18—20.

② 韩晓燕,张彦通.(2004).远程教育质量保证研究综述[J].远程教育杂志,(2):26—29.

③ 史蒂文·斯威森比.(2012).趋同还是求异类—英国开放大学质量观的质性研究[J].白滨,陈丽,译.开放教育研究,(05):73—78.

④ 丁新,马红亮.(2003).构建全面多元的远程教育质量观[J].中国远程教育,2003,(19):72—76.

毕业时获得的文凭、学位也是相同的。[①] 在南昆士兰大学，远程教育的教学要求并不低于传统学校教育，远程教育的教师要不断接受专业培训获得专业发展，从而保证教学质量。[②] 澳大利亚也采用同一性质量观，消除了远程教育和传统面授教育之间的壁垒，从而使澳大利亚的高等远程教育能顺利实现入学机会平等、受教过程平等、获得成功机会平等的平等理念。[③]

在亚洲，采用同一观的国家也较多，比较有代表性的有日本、马来西亚、印度尼西亚、菲律宾、新加坡和斯里兰卡。[④] 远程教育同一性质量观，并不代表远程教育与传统教育采用同一个评估标准，完全一致对待，同一性质量观指的是远程教育与传统教育在同一资历框架下运行，它们是具有同样的学术地位、同样的社会声誉，没有孰优孰劣，学生可以在两类教育之间任意选择，其学分可相互转换。

资历框架的英文表述是"Qualifications Frameworks"，欧盟将资历框架定义为"是一个反映能力水平（学习结果）的等级体系，其中包括等级、各个等级的能力水平要求。资历框架可以囊括从出生到死亡的所有等级，也可以只包括特定阶段的若干等级。但所有资历框架的建立都旨在建立教育系统和劳动力市场之间认证制度的衔接"。香港的资历框架包括7个等级，等级的能力水平是通过5个通用能力的水平来界定的，分别是：批判性思维能力、问题解决能力、沟通能力、运算能力和信息素养。资历框架的目的是建立能力水平的阶梯，使学习者具有明确的学习方向。资历框架适用于各类教育经历和工作经历。各类教育系统和职业领域可以在资历框架内，细化本领域各等级的指标，实现同水平各类学

---

① 张康庭．(2005)．澳大利亚远程教育印象透析［J］．开放教育研究，(2)：91—94.

② 祝怀新，孙敬娜．(2006)．澳大利亚南昆士兰大学远程高等教育探析［J］．中国远程教育，(11)：74—77.

③ 高利容．(2008)．ISO9000 标准在现代远程高等教育质量管理中的应用研究［D］．西南大学硕士论文，11.

④ 陈丽．(2012)．亚洲国家现代远程教育质量保证体系比较研究［J］．现代远程教育研究，(2)：13—19.

习成果的相互认可①。

同一性质量观不仅有利于远程教育自身可持续发展，也可促进教育整体发展。同一性质量观是构建统一的资历架构的前提条件。在同一性质量观的引导下，本书分析和阐述了质量保证体系和资历架构之间的关系（如图 6-1 所示）。无论是高等教育、职业教育、继续教育，每种教育类型都应建立属于自己的质量保证体系，按前文所述，质量保证体系由质量观、学分体系、质量保证标准和质量保证组织实施模式构成。质量观是最上位的，指示远程教育发展方向；学分体系是连接远程教育和传统教育的纽带；质量保证标准是规范远程教育体系内部的准则和根本，标准可规范机构的运行，也是质量保证组织实施模式开展的重要依据。在图 6-1 中，每种教育形式的质量保证体系第二层学分体系对应着资历框架的学分要求，也就是说资历框架是链接各种教育形式的纽带。在这样

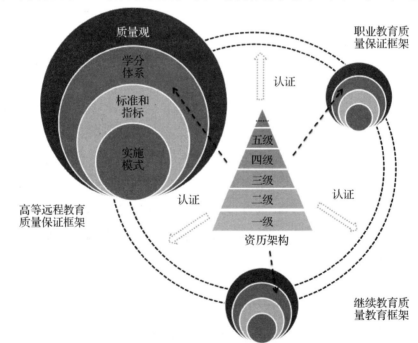

图 6-1 远程教育质量保证体系与资历架构的关系图

① 陈丽，郑勤华，谢浩，沈欣忆．（2014）．国际视野下的中国资历框架研究［J］．现代远程教育研究，（4）：9—18.

一个纽带下，各类教育形式地位平等，只是针对的学习者群体或学习内容重点不同。不同教育类型的学生可以在各自的质量保证体系下保证其学习质量，也可以通过资历框架进行学分互认和学分转换，各类教育形式依靠资历框架相互联通。本书构建的远程教育质量保证体系与资历架构的关系图，不仅仅是为了阐明远程教育质量保证体系与资历框架的关系，也不仅仅是为了阐明同一性质量观的重要，更是希望通过这样的构建能够展望远程教育的未来，期待中国远程教育在不久的将来可以与普通高等教育能够平起平坐，齐头并进。

第二节 远程教育面临质量保证的挑战

不可否认，远程教育前途光明，但是任重道远。远程教育的质量遭到社会诟病，远程教育的声誉已经严重影响到远程教育的招生以及远程教育的发展。2014 年年初《国务院关于取消和下放一批行政审批项目的决定》[①] 取消利用互联网实施远程高等学历教育的教育网校审批，进一步给远程教育的发展提出了新的挑战。很多业内人士如对外经贸大学远程教育学院副院长李福德、上海交通大学教授徐乃庄、中国教育科学研究院副研究员赖立、全国高校现代远程教育协作组秘书长严继昌、副秘书长李德芳均表示，放开不等于放任，要加强事中事后监管，质量保证是远程教育发展的核心任务，构建完整的、完善的远程教育质量保证体系是当务之急[②]。

远程教育的质量问题被空前重视，远程教育的质量保证工作被提高到了至高点，研究者把精力集中在远程教育质量保证上，很多远程教育论坛、会议深入探讨质量问题和质量保证办法。但是，这些质量保证办法、方式并没有被系统地应用到实际中，依然有许多问题萦绕在我们脑中：①远程教育质量保证体系如何构建；②远程教育质量保证工作到底

---

① 中华人民共和国人民政府. 国务院关于取消和下放一批行政审批项目的决定 [EB/OL]. http：//www. gov. cn/zwgk/2013-12/10/content _ 2545569. htm，2014-12-31.

② 新华网. 取消审批权，远程学历教育的春天真的来了吗 [DB/OL]. http：//news. xinhuanet. com/edu/2014-07/16/c _ 126759295 _ 2. htm，2014-12-31.

如何开展，工作流程是什么；③第三方监控质量如何操作，有谁来操作；④如何针对新的形式对远程教育管理机构进行调整改革；⑤对远程教育办学机构来说，如何在这样的大环境下自我改革适应变化……

远程教育正经历着巨大的挑战，远程教育质量保证也遭受着巨大的压力，但是机遇与挑战并存，直面挑战、接受挑战才是远程教育的出路所在。在新的时代背景下，在MOOC充斥的环境下，远程教育只有顺应时代、主动变化，才有制胜的机会。

参考文献

[1] A Stella，A Gnanam.（2004）. Quality assurance in distance educa-
tion：The challenges to be addressed ［J］. *Higher Education*，47
（2）：143—160.

[2] Bangert，Arthur W.（2008）. The Development and Validation of the
Student Evaluation of Online Teaching Effectiveness ［J］. *Comput-
ers in the Schools*，25（1）：25—47.

[3] Butch，R. E. , and Hope，A.（2006）. *Embracing change：Quality
assurance at the Open University of Hong Kong*，in B. N. Koul，and
A. Kanwar（eds），Towards a Culture of Quality，pp. 113—124.
Vancouver：Commonwealth of Learning.

[4] Carmel McNaught.（2001）. *Quality Assurance for Online Courses：
From Policy to Process to Improvement?* In：Meeting at the Cross-
roads. Proceedings of the Annual Conference of the Australasian So-
ciety for Computers in Learning in Tertiary Education（ASCILITE
2001）（18th，Melbourne，Australia，December 9—12，2001）; see IR
021 433.

[5] Cashion，J. , & Palmieri，P.（2002）. The secret is the teacher：
The learners' view of online learning. Leabrook，Australia：National
Center for Vocational Education Research ［On-line］. Available Tel-
net：http：//www. ncver. edu. au/research/proj/nr0F03a. pdf.

[6] Chickering，Arthur W.；Gamson，Zelda F.（1987）. Seven Princi-
ples for Good Practice in Undergraduate Education. AAHE Bulletin，

3—7.

[7] Council for Higher Education Accreditation [EB/OL] . http：// www. chea. org/default. asp? link＝6，2014-2-5.

[8] Code of Practice for Open and Distance Learning [EB/OL] . http：//www. mqa. gov. my/portal2012/garispanduan/GGP％ 20ODL％20 (July2012) . pdf

[9] DETC Accreditation Handbook [EB/OL] . http：//www. detc. org/UploadedDocuments/Accreditation％　　20Handbook/A. 1. ％ 20Accreditation％20Standards14. pdf，2014-2-5.

[10] Davey Yeung. (2003) . Towards an Effective Quality Assurance Model of Web - Based Learning：The Perspective of Academic Staff. www. westga. edu /～distance/ojdla/winter2001/yeung44. pdf.

[11] Designing and Delivering Distance Education：Quality Criteria for Distance Education in South Africa [EB/OL] . http：//www. nadeosa. org. za/resources/reports/NADEOSA％ 20QC％ 20Section ％201. pdf，2014-2-5.

[12] DIFFEN. Quality Assurance vs. Quality Control [DB/OL]. http：//www. diffen. com/difference/Quality _ Assurance _ vs _ Quality _ Control，2014-12-31.

[13] Distance Education Council Handbook [EB/OL]. http：// www. dec. ac. in/Revised _ Copy _ of _ HANDBOOK _ on _ A _ & _ A-version1. doc，2014-2-5.

[14] Ehlers，U. (2004) . Quality in e-learning from a learner's perspective，European Journal of Open and Distance Learning， http：//www. eurodl. org/materials/contrib/2004/Online _ Master _ COPs. html♯r4：2012-04-12.

[15] Elizabeth Hensleigh. (2006) . *The development of an instrument to assess student opinions of the quality of distance education.* Unpublished doctoral dissertation [D]. Texas A&M University.

[16] European Universities Quality in e-Learning [EB/OL]. http：//

unique . efquel. org/criteria/learninginstitutional-context/commit-ment-to-innovation/, 2014-2-5.

[17] Frydenberg, J. (2002) . Quality standards in e-learning: A matrix of analysis. The International Review of Research in Open and Distance Learning [On-line]. Available Telnet: http: //www. ir-rodl. org/index. php/irrodl/article/viewArticle/109/189.

[18] Gladieux, L. E. , & Swail, W. S. (1999). *The virtual university and educational opportunity- issues of equity and access for the next generation.* Washington, D. C. : The College Board.

[19] Government of Hong Kong. (1989). The Open Learning Institute of Hong Kong Ordiance. www. oe/awhk. lib. hku. hk/items/show/ 3623.

[20] Grant Harman, V Lynn Meek. (2000). Repositioning Quality Assurance and Accreditation in Australian Higher Education [DB/OL]. Commonwealth of Australia, http: //asiapacific-odl. oum. edu. my/C09/F409. pdf

[21] Ingrid S. , Eunsook H, & Neal S, . (2004) . Development and Validation of an Instrument for Student Evaluation of the Quality of Web-Based Instruction [J]. *The American Journal of Distance Education*, 18 (3): 131—150.

[22] Insung and Latchem, Colin. (2007) . Assuring quality in Asian open and distance learning [J] . *Open Learning: The Journal of Open and Distance Learning*, 22 (3): 235—250.

[23] Insung Jung, Tat Meng Wong, Chen Li, Sanjaa Baigaltugs, Tian Belawati. (2011). Quality assurance in Asian distance education: Diverse approaches and common culture [J] . *The international review of research in open and distributed learning*, 12 (6): 63—83.

[24] Insung Jung. (2011). The dimensions of e-learning quality: from the learner's perspective [J] . *Educational Technology Research*

and Development, 59（4）：445—464.

[25] Insung, J. & Tat, M. W. & Tian, B.（2013）. *Quality Assurance in Distance Education and E-learning* [M]. SAGE Publications Pvt. Ltd：162, 224.

[26] Koul, B. N.（2006）. *Towards a culture of quality in open distance learning：present possibilities*, in：B. Koul & A. Kanwar（Eds）Perspectives on distance education：towards a culture of quality, 177—187.

[27] MEST.（2008）. *A report on comprehensive evaluation of cyber universities in 2008*. Seoul：Korean Ministry of Education Science and Technology.

[28] Meyer, K. A.（2002）. *Quality in distance education：Focus on on-line learning*. In A. J. Kezar（Ed.）, ASHE-ERIC Higher Education Report（Vol. 29, pp. 1—134）. Hoboken, NJ：Jossey-Bass.

[29] Opene Quality Learning Standards [EB/OL]. http：//www. eifel. org/publications/quality/oeqls/intro, 2014-2-5.

[30] Open University of Hong Kong.（2010）. OUHK Quality Assurance Handbook [M]. Hong Kong：OUHK in house publication.

[31] Phipps, R. & Merisotis, J.（2000）. *Quality on the line：Benchmarks for success in Internet-based distance education*. Report from The Institute for Higher Education Policy, Washington, D. C. Retrieved from http：//www. nea. org/assets/docs/HE/QualityOnTheLine. pdf

[32] Quality Assessment for E-learning a Benchmarking Approach [EB/OL]. http：//www. eadtu. nl/e-xcellencelabel/default. asp? mMid=3&sMid=12, 2014-2-5.

[33] Quality Assurance Statements of Best Practices [EB/OL]. http：//www. aaou. net/index. php? option＝com _ content&view＝category&id＝29&Itemid＝30, 2014-2-5.

[34] Quality Assurance Toolkit for Distance Higher Education Institutions and Programmes [EB/OL]. http：//www. col. org/PublicationDocuments/pub _ HE _ QA _ Toolkit _ web. pdf，2014-2-5.

[35] Quality Matters [EB/OL]. http：//www. qmprogram. org/，2014-2-5.

[36] Reid，C. N. and Robertshaw，M. (1992) . The quest for quality, East and West [J] . *Distance Education*，13 (2)：270—287.

[37] Robinson，B. (2004). *Governance，accreditation and quality assurance in open and distance education*，in：H. Perraton & H. Lentell (Eds) Policy for open and distance learning ，181—206.

[38] Kaye，A. , & Rumble，G. (Eds.). (1981). *Distance teaching for higher and adult education* (Vol. 342). London：Croom Helm.

[39] Salvador L. Carranza. (2008). *A grounded theory of high-quality distance education programs：student perspectives.* Unpublished doctoral dissertation [D]. University of Wisconsin-Madison.

[40] Shu-Hui H. Chang and Roger A. Smith. (2008). Effectiveness of Interaction in a Learner-Centered Paradigm Distance Education Class Based on Student Satisfaction [J]. *Journal of Research on Technology in Education.* 40 (4)：407—426.

[41] Sloanconsortium [EB/OL]. http：//sloanconsortium. org/publications/books/qualityframework. pdf，2014-2-5.

[42] Swedish National Agency for Higher Education [EB/OL]. http：// www. hsv. se/download/18. 8f0e4c9119e2b4a60c800028057/ 0811R. pdf，2014-2-5.

[43] Standards from Open and Distance Learning Quality Council [EB/OL]. http：//odlqc. org. uk/odlqc-standards，2014-2-5.

[44] Standards from Institute for Higher Education Policy [EB/OL]. http：//www. ihep. org/assets/files/publications/m-r/QualityOnTheLine. pdf，2014-2-5.

[45] The Open University of Hong Kong. (2008). *Institutional Review*

2008. Hong Kong：OUHK in-house publication.

[46] The Australasian Council on Open，Distance and e-Learning Benchmarks［EB/OL］. http：//www. acode. edu. au/pluginfile. php/550/mod＿resource/content/3/TEL＿Benchmarks. pdf，2014-2-5.

[47] Vicki L Gregory.（2003）. Student perceptions of the effectiveness of Web-based distance education［J］. *New Library World*，104（10）：426.

[48] Western Association of Schools and Colleges［EB/OL］. http：//www. wascweb. org/senior/guide/pgpa1. htm，2014-2-5.

[49] Yeung，Davey.（2001）. Quality Assurance of Web-based Learning in Distance Education Institutions［J］. *Online Journal of Distance Learning Administration*，4（4）.

[50] 安均富.（2002）. 专家访谈：如何看待远程教育的教学质量问题［J］. 中国远程教育，（4）：6—9.

[51] 安娜.（2008）. 网络教育评估理论与实证研究［D］. 天津大学硕士论文.

[52] 白滨.（2009）. 中英网络学历教育质量观与质量保证关键要素的比较研究——专业人员的视角［D］. 北京师范大学.

[53] 陈斌，蔡建中.（2007）. 英国开放大学质量矩阵分析及其启示［J］. 中国远程教育，（01）：29—32.

[54] 陈丽.（2012）. 亚洲国家现代远程教育质量保证体系比较研究［J］. 现代远程教育研究，（2）：15—21.

[55] 陈丽，郑勤华，谢浩，沈欣忆.（2014）. 国际视野下的中国资历框架研究［J］. 现代远程教育研究，（4）：9—18.

[56] 陈丽.（2004）. 远程教育学基础［M］. 北京：高等教育出版社.

[57] 陈乃林.（2001）. 试论电大远程教育质量观［J］. 开放教育研究，（6）：26—30.

[58] 陈馨.（2009）. 中澳现代远程高等教育质量保障体系比较研究［D］. 厦门大学硕士论文.

[59] 陈信，孙耀庭，徐辉富，章晓军.（2005）. 现代远程开放教育质

量保证体系的构建研究——上海电视大学的实践与探索 [J]. 教育发展研究，(9)：90—93.

[60] 陈祎，陈丽，殷丙山．(2002). 远程教育质量保证的系统观与评估方法 [J]. 中国电化教育，(12)：55—59.

[61] 崔峻山．(1993)."专家排序法"的简化及应用 [J]. 教育科学研究，(5)：35—36.

[62] 邓幸涛，冯琳，张爱文．(2004). 远程教育 ISO9000 认证的启示——第二次"中国远程教育学术圆桌"综述 [J]. 中国远程教育，(4)：5—14.

[63] 丁新，马红亮．(2003). 构建全面多元的远程教育质量观 [J]. 中国远程教育，(19)：72—80.

[64] 丁兴富，吴庚生．(2006). 网络远程教育研究 [M]. 北京：清华大学出版社.

[65] 丁兴富．(2005). 论网络远程教育质量观的创新 [J]. 中国远程教育，(5)：10—14.

[66] 丁兴富．(2005). 论网络远程教育质量观的创新，远程教育质量保证及质量评估与认证国际比较研究—成果 4 [J]. 中国远程教育，(5)：10—14.

[67] 丁兴富．(2005). 远程教育质量保证国际比较研究及其主要结论——远程教育质量保证及质量评估与认证国际比较研究—成果 1 [J]. 中国远程教育，(5)：10—14.

[68] 杜若，杨亭亭，殷双绪，张遐．(2009). 构建中国远程开放教育教学质量标准体系——来自中央广播电视大学的探索与实践 [J]. 开放教育研究，15（4）：32—37.

[69] 段福德．(2003). 网络教育质量能否"另"眼相看 [J]. 中国远程教育，(2)：26—28.

[70] 冯琳，刘莉．(2006). 远程教育质量保证：国际视野与中国特色——"2006 网络教育国际论坛"述略 [J]. 中国远程教育，(11)：5—9.

[71] 顾明远．(1990). 教育大辞典 [M]. 上海：上海教育出版社.

[72] 顾小清，查冲平．（2006）．从 UNESCO 的指导准则看我国的远程教育质量保证体系［J］．开放教育研究，（12）：34—37．

[73] 郭文革．（2009）．认知推动的政策变迁——1998—2007 中国现代远程教育政策变迁的反思［J］．北京广播电视大学学报，（2）：5—9．

[74] 郝成义，冯霞．（2003）．谈网络学院主要教学环节质量保证过程［J］．中国远程教育，（3）：38—40．

[75] 韩晓燕，张彦通．（2004）．远程教育质量保证研究综述［J］．远程教育杂志，（10）：26—29．

[76] 汉语大词典编辑委员会．（2000）．汉语大词典普及本［M］．上海：汉语大词典出版社．

[77] 何娟．（2007）．英国高等教育学分积累与转换系统研究［D］．硕士论文．福建师范大学．

[78] 何克抗，李文光．（2009）．教育技术学［M］．北京：北京师范大学出版社．

[79] 侯建军．（2003）．现代远程高等教育质量的标准、评价及保证体系［J］．现代远程教育研究，（3）：9—13．

[80] 蒋国珍，匡贵秋．（2007）．远程教育质量管理：阶段性与突破口［J］．中国远程教育，（5）：13—18．

[81] 孔得伟，王以宁，张海．（2005）．我国远程教育质量保证体系建设策略思考［J］．现代远距离教育，（1）：67—69．

[82] 李葆萍．（2009）．我国远程高等教育质量保证体系框架和运行机制分析［J］．现代远距离教育，（6）：40—44．

[83] 李葆萍．（2010）．我国远程高等教育质量保证政策体系研究［J］．现代远程教育研究，（3）：20—25．

[84] 李平，郭慧珍，张小可．（2000）．现代远程教育专家访谈 教学与管理篇［J］．中国远程教育，（10）：6—12．

[85] 李曙华．（2002）．从系统论到混沌学［M］．桂林：广西师范大学出版社．

[86] 李爽，郑勤华．（2006）．共同关注质量课题——"2006 网络教育国际论坛"境外专家随访［J］．中国远程教育，（11）：9—12．

［87］李怡．（2008）．哈曼框架下远程教育质量保证体系要素分析［J］．现代远程教育研究，（3）：56—59.

［88］李增蔚．（2007）．实施 ISO9000 标准构建电大现代远程教育质量管理体系［J］．南京广播电视大学学报，（4）：4—6.

［89］林康义等译，冯贝塔朗菲．（1987）．一般系统论基础、发展和应用［M］．北京：清华大学出版社．

［90］刘凡丰．（2003）．教育质量的概念与评价方法［J］．学位与研究生教育，（1）：29—33.

［91］刘凡丰．（2003）．让市场机制发挥教育质量的保证作用［J］．中国远程教育，（11）：72—74.

［92］刘梅．（2005）．远程教育质量的分析与研究［J］．教育信息化，（3）：68—69.

［93］刘义光，高澍苹，孙宝芝．（2003）．ISO9000 质量管理体系在远程教育中的实践［J］．中国远程教育，（15）：43—46.

［94］刘义光．（2004）．远程教育的系统质量［J］．中国远程教育，（8）：22—24.

［95］罗洪兰，邓幸涛，杨亭亭．（2001）．中国电大远程教育质量保证体系及标准初探（上）［J］．中国远程教育，（11）：18—20.

［96］裴雯雯．（2009）．现代远程教育内部质量保证体系的构建［J］．现代远程教育研究，（6）：19—22.

［97］全国科学技术名词审定委员会［DB/OL］．http：//www.cnctst.gov.cn，2014-5-7.

［98］人民网．远程学历教育竟如此注水［DB/OL］．http：//cpc.people.com.cn/n/2013/0502/c83083—21337402.html，2014-12-21.

［99］沈欣忆，林世员，陈丽．（2014）．中国现代远程教育政策编码和分析［J］．现代远程教育研究，（5）：62—70.

［100］沈欣忆，杨利润，陈丽．（2014）．国家层面的远程教育质量保证政策体系框架研究［J］．电化教育研究，（6）：78—84.

［101］沈欣忆，杨利润，陈丽．（2014）．基于生态观的远程教育质量保证体系构建［J］．中国电化教育，（7）：82—87.

[102] 孙晖. (2011). 从比较的视域看我国开放大学质量标准的建构 [J]. 陕西广播电视大学学报，(4)：10—14.

[103] 谭璐. (2011). 现代远程教育质量保障的系统分析 [J]. 北京广播电视大学学报，(1)：33—38.

[104] 唐燕儿. (2004). 中国远程高等教育政策法规体系研究 [D]. 华南师范大学博士论文.

[105] 田恩舜. (2007). 高等教育质量保证模式研究 [M]. 青岛：中国海洋大学出版社.

[106] 王晨. (2008). 远程教育教学质量保证体系框架探讨 [J]. 远程教育杂志，(1)：40—42.

[107] 王得胜. (2002). 自然辩证法 [M]. 北京：北京师范大学出版社.

[108] 王福胜，徐乃庄. (2007). 高校网络教育内部质量保证体系构建 [J]. 开放教育研究，(4)：46—49.

[109] 武丽志. (2007). 远程教育服务论纲 [D]. 华南师范大学博士论文.

[110] 新华网. 取消审批权，远程学历教育的春天真的来了吗 [DB/OL]. http://news.xinhuanet.com/edu/2014—07/16/c_126759295_2.htm，2014-12-31.

[111] 徐辉富，王瑶. (2008). 远程高等教育质量保证：反思与评论 [J]. 中国远程教育，(5)：31—34.

[112] 徐世浩，林辉. (2006). 网络教育质量保证研究综述 [J]. 现代远距离教育，(1)：16—18.

[113] 徐旭东. (2006). 远程教育质量保证体系的构建 [J]. 中国电化教育，(8)：41—44.

[114] 徐旭东. (2006). 中英远程高等教育质量保证的比较——以中国广播电视大学与英国开放大学为例 [J]. 现代远距离教育，(4)：69—72.

[115] 杨亭亭. (2005). 两岸远程开放大学教学质量标准的比较研究 [J]. 现代远距离教育，(2)：3—6.

[116] 叶成林，丁新. (2003). 远程教育政策制定的理论体系 [J]. 电

化教育研究，（2）：26—28.

[117] 于云秀．（2004）．广播电视大学开放教育的质量保证［J］．中国远程教育，（19）：12—16.

[118] 袁松鹤，齐坤，孙鸿飞．（2012）．终身教育体系下的远程教育质量观［J］．中国电化教育，（4）：33—41.

[119] 张凤龙，张志军，王淑娟，曹刚，王跃，董锐．（2002）．网络教育质量保证体系概念界定［J］．中国远程教育，（7）：13—16.

[120] 张家浚．（2003）．树立新型的远程教育质量观［J］．中国远程教育，（3）：9—12.

[121] 张进宝，李松，陈鹏．（2010）．网络课程内涵及其建设的核心要素［J］．现代远程教育研究，（1）：61—67.

[122] 张立国．（2007）．现代远程高等教育内部质量保证体系的理论模型［J］．中国电化教育，（3）：32—36.

[123] 张琳，刘琳．（2008）．从影响因素视角谈现代远程教育质量评价观［J］．现代远程教育研究，（3）：28—31.

[124] 张饶学．（2008）．中国大学现代远程教育［M］．北京：中央广播电视大学出版社．

[125] 张胜利．（2011）．开放大学的外部质量评估：英国高等教育质量保障署的成功经验［J］．北京广播电视大学，（6）：22—26.

[126] 张屹，祝智庭．（2002）．应用现代管理思想确立现代远程教育质量管理原则［J］．中国电化教育，（6）：60—63.

[127] 赵继红，刘利．（2005）．远程教育政策：现代远程教育生存发展的重要保障［J］．湖北广播电视大学学报，（6）：12—15.

[128] 中国教育报．远程高等教育：跳出游移于"精英与大众"间的怪圈［DB/OL］．http：//www.jyb.cn/cm/jycm/beijing/zgjyb/6b/t20061113_48580.htm，2014-4-12.

[129] 中国教育部．2013年教育数据统计［EB/OL］．http：//www.moe.edu.cn/publicfiles/business/htmlfiles/moe/s7255/201303/149845.htm，2014-12-31.

[130] 中国教育部．教育部关于印发《国家教育事业发展第十二个五年

规划》的通知〔EB/OL〕. http：//www. moe. edu. cn/publicfiles/business/htmlfiles/moe/moe ＿ 630/201207/139702. html，2014-9-5.

[131] 中国网. 国家中长期教育改革和发展规划纲要（2010—2020 年）〔EB/OL〕. http：//www. china. com. cn/policy/txt/2010-03/01/content ＿ 19492625 ＿ 3. htm，2015-1-12.

[132] 中华人民共和国教育部. 高职高专院校人才培养工作水平评估方案〔EB/OL〕. http：//www. moe. gov. cn/publicfiles/business/htmlfiles/moe/moe ＿ 42/201010 /xxgk ＿ 110099. html，2014-3-4.

[133] 中华人民共和国教育部. 普通高等学校本科教学工作水平评估方案（试行） 〔EB/OL〕. http：//www. moe. edu. cn/publicfiles/business/htmlfiles/moe/moe ＿ 307/200505/7463. html，2014-3-4.

[134] 中华人民共和国教育部高等教育教学评估中心. 中国高等教育质量保障概况及评估制度〔EB/OL〕. http：//www. heec. edu. cn/modules/zhiliangtixi ＿ d. jsp? id＝1139，2014-3-4.

[135] 中华人民共和国教育部. 各级各类学校女学生数〔EB/OL〕. http：//www. moe. edu. cn/publicfiles/business/htmlfiles/moe/s7567/201309/156890. html，2014-12-3.

[136] 中华人民共和国教育部. 各级各类学校少数民族学生数〔EB/OL〕. http：//www. moe. edu. cn/publicfiles/business/htmlfiles/moe/s7567/201309/156878. html，2014-12-3.

[137] 中华人民共和国人民政府. 国务院关于取消和下放一批行政审批项目的决定〔EB/OL〕. http：//www. gov. cn/zwgk/2013—12/10/content ＿ 2545569. htm，2014-12-31.

[138] 朱立明，刘俊强. （2005）. 对现代远程教育质量观及质量保证的探讨〔J〕. 现代远距离教育，（3）：15—17.

[139] 祝智庭. （2007）. 网络远程教育的服务质量管理——走向标准化的思路 〔 DB /OL 〕 . http：//www. cmr. com. cn/distance/netdepart /3-1. PPT，2014-12-30.

附　录

附录一　协会组织的高等远程教育质量保证标准

表 1　美国远程教育和培训委员会评审手册（DETC Accreditation Handbook）①

序号	要素	标　准
1	机构使命和目标	使命、目的和目标的描述
		使命声明的审查和公开
		使命、目的和目标的实现
2	教育项目的目标、课程和材料	项目目标描述
		合适的项目目标
		课程足够全面
		课程涵盖新的知识和实践
		全面的、最新的教学材料
		考试及其他评价
		著作权
		教学材料的组织
		课程发送
		学习指导
		教育媒体和学习资源
3	教育服务	学生的咨询及反馈
		个体差异

---

① DETC Accreditation Handbook〔EB/OL〕. http：//www.detc.org/UploadedDocuments/
Accreditation％20Handbook/A.1.％20Accreditation％20Standards14.pdf，2014-2-5.

续表

序号	要素	标　准
3	教育服务	处理学生无进步的现象
		激励学生
		学生对课程的评价
		合适的技术
		面对面的培训
4	学生支持服务	学习评价服务
		学生的记录
		学生非学术支持服务
		学生投诉
5	学生成绩和满意度	学生的学习成绩
		学生的满意度
		学生的进步
6	所有者，理事会理事，行政人员，管理人员，师资队伍，以及职工的资质和职责和机构的信誉	合格的所有者，理事会成员，政府官员，及管理人员
		称职的首席学术官和/或系主任
		足够数量的教师/师资队伍/职工
		机构，业主，理事会，行政人员，及管理人员的信誉
		专业成长
		继任计划
7	招生规则和招生协议	招生规则
		招生协议
8	广告、宣传，及招生人员	广告，及宣传
		招生人员控制
9	财政责任	描述近两年的财政现状和财政预算
		财务管理人员
		财务可持续性和稳定性
		财务报告符合相关规定
		持续运营情况以及支持运营的各种资源
10	学费政策，学费收集程序，学费取消或退款	学费政策
		学费收集程序
		学费取消/退款政策
11	设施，设备，物资，及记录保护	足够数量的设施，设备，物资
		记录信息保护
12	研究和自我改进	计划和评价
		研究及自我改进

表 2　美国高等教育政策研究所发布的标准①

序号	基准	标　准
1	机构支持	机构需要制订一份详细的技术实施计划（如密码保护，加密，备份系统等），以确保信息传递的完整性和有效性。
		保障技术传输系统的可靠性和稳定性。
		机构建立集中的管理系统，以支持远程教育基础设施的建设和维护。
2	课程开发	在网络课程的开发、设计和传递过程中，建立一套最低质量标准的指导策略。
		定期检查教学材料和内容，以确保符合课程设计的标准。
		在课程开发过程中，考虑学生能力的发展，并把能力发展当作课程要求的一部分。
3	教学过程	通过多种方式来促进生生交互和师生交互，包括电话、邮件等。
		对学生作业和问题提供及时和建设性的反馈。
		用有效的方法指导学生学习。
4	课程结构	在课程开始之前，向学生提供咨询服务，以确定①他们能够自我激励，准备好开始远程学习；②他们能够获得课程设计中要求的最低技术。
		为学生提课程信息，其中包括课程的目标、核心概念和观点。
		学生有足够的资源库，其中包括虚拟图书馆。
		教师和学生商定有关学生完成作业的时间和教师的作业批改和反馈等。
5	学生支持	向学生提供详细的教育项目情况资料，包括入学要求、学费和其他费用、书籍和学习用品、技术和监考要求以及提供的相关学生支持服务。
		为学生提供信息技术培训操作的培训，让学生学会通过电子数据库、馆际互借、政府档案、新闻服务等途径获取材料。
		整个课程持续过程中，学生能够获得技术支持。
		建立学生投诉制度，及时回答有关问题。
6	教师支持	为教师提供技术支持并且鼓励教师使用技术以提高教学效果和质量。
		机构为教师提供从课堂教学转向在线教育过程中的各种帮助。
		机构有专门的技术指导和咨询人员帮助教师解决教学中出现的各种问题。
		为教师提供书面的资源和材料来处理学生和自己技术使用上的问题。

---

① Standards from Institute for Higher Education Policy [EB/OL]. http：//www.ihep.org/assets/files/publications/m-r/QualityOnTheLine.pdf，2014-2-5.

续表

序号	基准	标 准
7	评价与评估	采用多种方法来评估课程的教育成效和教学过程。
		评价教育过程的效率时，考虑入学率、成本、毕业率和设备使用率等因素。
		定期检查学生的学习成果，以确保教学的有效性、实用性和适用性。

表3 有关质量问题的标准（Quality Matters Rubric Standards，2011—2013 Edition）①

序号	要素	标 准
1	课程概述与简介	明确说明课程是如何开始的，以及在哪里可以找到各种课程组件。
		给学生们介绍该课程的目的和结构。
		说明在线讨论、电子邮件和其他通信形式的网络礼节。
		明确表述该学生需要遵守的课程或机构的规则政策。
		明确陈述课程中需要具备的先决知识和技能。
		明确陈述学生的最低技术技能。
		课程中有老师的自我介绍。
		要求学生向全班介绍自己。
2	学习目标	本课程描述的学习目标是可测量的。
		模块和单元描述的学习目标是可测量的，并且和课程目标一致。
		学习目标表述明确，从学生的角度编写。
		有明确说明学生如何达到这些学习目标的教学指导。
		学习目标设计合理。
3	评估和测量	选择的评估类型适合测量既定的学习目标，并且与课程活动和资源一致。
		清楚描述本课程的定级评价。
		有明确的评价学生的学习活动和参与度的标准。
		选择的评估工具是有次序的、多样的，并适合评估的学生。
		学生有多个机会测量和评估。
4	教学材料	教学材料有助于既定的课程和模块单元目标的实现。
		明确解释教学材料的目标，以及教学材料是如何用于学习活动的。
		课程中使用的资源和材料都有合适的引用标注。
		教学材料是顺应时代的。
		教学材料在课程内容上呈现不同的视角。
		清楚陈述必选材料和可选材料之间的区别。

---

① Quality Matters [EB/OL]. http：//www.qmprogram.org/，2014-2-5.

续表

序号	要素	标准
5	学习者互动与参与	学习活动可以促进既定学习目标的实现。
		学习活动促进学生互动。
		明确陈述教师对课堂响应时间和作业反馈的计划。
		明确阐释学生互动的要求。
6	课程技术	工具和媒体支持课程学习目标的实现。
		课程的工具和媒体支持学生的参与，并引导学生成为积极主动的学习者。
		在线课程的导航是合乎逻辑的、一致的和高效的。
		课程中所需的技术或材料是学生容易获得的。
		课程的技术是顺应时代的。
7	学习者支持	课程指导中涵盖明确的技术指导说明和获取方式。
		课程指导中阐明机构针对残疾学生的政策和服务。
		课程指导中阐明机构的学术支持服务和资源如何能够帮助学生顺利完成课程，及学生如何能够获得这些服务。
		课程指导中阐明机构的非学术支持服务如何能够帮助学生成功学习，及学生如何能够获得这些服务。
8	可访问性	课程使用易获得的技术，并考虑残疾学生。
		课程包含替代听觉和视觉的课程内容。
		课程设计有利于可读性，尽可能减少学生分心的时间。
		课程使用辅助技术，比如屏幕阅读技术。

表 4　马来西亚资质机构发布的开放和远程学习实践标准①

序号	要素	标准
1	愿景、使命、教育目标和学习成果	对项目目标及学习结果有清晰的陈述
		有明确的学习结果的说明
2	课程设计与发送	拥有充足的学术自治权
		有明确的课程设计和教学方法
		课程内容和结构能跟上该领域最前沿发展
		有项目管理的具体陈述，包括项目基本信息、项目组人员
		在课程计划、实现和评估方面要与外部利益相关者建立联系

---

① Code of Practice for Open and Distance Learning [EB/OL]. http：//www.mqa.gov.my/portal2012/garispanduan/GGP％20ODL％20（July2012）.pdf

续表

序号	要素	标准
3	学生评价	认清评估与学习的关系
		评价的方法要清晰陈述，并具有多样性、公平性
		有安全的学生评价系统
4	学生选择和支持服务	学生的入学情况和入学前的支持服务
		升学条件和学分转移
		支持学生在国内或国际范围内流动、交换和转学
		有学生支持服务和课外活动
		鼓励学生参与各种活动
		与毕业生建立联系
5	教学人员	关于教学人员的招聘和管理
		关于教学人员的服务和发展
6	教育资源	有足够的物理设施支持教学开展
		支持研究和发展
		有灵活和开放的教师聘用制度
		建立支持学生交流和学分认证的制度
		有财政拨款制度
7	项目监测及评价	有项目监测及评价的机制
		利益相关者参与项目评价
8	领导和管理	机构的管理、政策和组织架构
		有明确的项目学术领导者和负责人
		行政和管理人员有资质
		保护学生的学业记录的隐私
9	持续质量改进	质量改进活动符合机构总体的政策，定期审核项目

表 5　英国开放与远程学习质量委员会发布的标准（ODLQC Standards）①

序号	要素	标准
1	成果	每门课程明确陈述学习者完成课程后可以达到的目标。
		课程所提供的方法、材料和支持，对达到预期的学习成果是有效的。
		每门课程清楚陈述学习者初始能力，并帮助学习者取得更高的能力水平。
		学习成果所代表的能力层次可以跟国家层面的资质对接上。

续表

序号	要素	标准
1	成果	提供明确的完成课程的时间限制，说明是否允许延期以及延期带来的费用问题。
		评价是合适的，能够准确测量学生的能力和成果，并把结果反馈给学生。
		在课程完成时，提供给学生证书。
		在报名注册之前，学生需要知道课程是否需要参加考试，或者由其他外部机构组织评估，并知道机构和学生各自的职责。
		课程及其目标应该放置在更为广泛的教育、职业和专业的情境中。
2	资源	提供的资源符合学习者的需求、知识和经验。
		机构采取合理的措施以确保课程是有效的，不包含明显的失误、误导或过期的信息、概念或方法。
		课程材料的设计要考虑具体和明确的学习支持，材料中陈述合适的支持时机。
		课程材料的结构方便个人的研究和学习技能的发展。
3	支持	机构明确承诺帮助学生实现他们的教育目标。
		学习者为自己的学习全面负责，机构的职责是支持他们学习。
		提供足够的支持以满足学生的需求，鼓励学习进程和成功完成课程。
		支持是迅速、及时的、随时随地的。
		支持符合课程的水平和级别。
		机构有合适的程序来处理学习者和机构之间的矛盾和困难，告知学习者解决这些困难的途径。
		鼓励学习者完成课程，监测学习过程，在学习过程中给予及时和有用的建议。
4	宣传	机构和其工作人员、代表和代理商用公平和道德的方式宣传自我，并遵守相关法律法规。
		所有广告或宣传材料对机构、人员、规定，以及该规定所要达成的目标和成果有一个清晰、准确和平衡的观点。所有包含的信息是真实的、可核查的。
		及时地、适当地处理所有潜在学生的咨询。工作人员在宣传时不提供教育建议除非他具有这样的能力。
		机构在家访销售时应特别小心，避免不当的销售。
		在入学前，学生需要为课程是否适合自己负责，要考虑自己的需求、资历、能力和期待。

序号	要素	标准
4	宣传	机构需要提供足够的信息，以使每个学习者充分认识课程以确定课程是否适合自己，在入学前机构和学生要就此进行沟通。
		在课程开始之前，需要给学生一些指导说明书，让学生知道所有的关于课程的具体信息和要求。
		机构规定给予的所有课程能较易获得。
		报名完成时与学习者确认，在一定的期限内学习者可退出课程。
5	机构	机构对教育质量有承诺。
		机构财政情况良好，能满足学习者。
		机构有良好的商业道德和雇人实践。
		当服务于别的国家时，机构遵守相关的法律规定。
		所有工作人员和教师适合他们的岗位，并具备适当的资历和经验。
		所有的教师支持都是高品质。如果一个以上的教师进行支持，会采取措施以确保不同教师的支持是一致的、连贯的。
		学习者记录是有效的、准确的，并且对学习者的记录进行保密。
		有足够的资源以确保每一个学习者得到个性化服务。
		机构坚持遵照 ODLQC 开放与远程教育的标准运行，并遵守理事会的要求。
		机构致力于不断改进。
6	合作	由两个或两个以上的机构合作提供服务，应签署书面协议，明确各自的权利和职责分工。
		其中一个机构负主要法律责任，进行服务。
		负主要法律责任的机构有恰当的程序，以确保各方面的服务满足 ODLQC 标准。
		ODLQC 认证具体到一个特定的服务。如果某项服务没有被认证，机构不能陈述在自己的认证报告中。
		如果课程不是自己的，机构不应该作为自己的课程推广。

表 6　印度远程教育机构发布的远程开放学习机构的评估与认证手册（DEC Handbook）①

序号	要素	标准
1	基础设施和人力资源能力	物理基础设施
		信息通信设施及维护
		下级支持单位
		人力资源能力
2	教学课程及学习资源	课程的性质和类型
		课程开发和教学设计
		SLM 开发
		材料制作
		学术审核
3	学习者支持服务	行政支持服务
		学术支持服务
		个体支持服务
4	研究，咨询及推广	教师/学术人员的专业发展
		研究项目
		学校出版物
		机构组织的活动
		学生进行的研究
		研究和协作
		咨询
		其他
5	管理	愿景和使命
		领导力
		组织结构
		管理
		财政
		紧急情况的处理
6	创新实践	质量保证体系和实践
		权限和访问
		与利益相关者的关系
		技术推动的教学和学习实践

---

① Distance Education Council Handbook［EB/OL］. http：//www.dec.ac.in/Revised _ Copy _ of _ HANDBOOK _ on _ A _ & _ A-version1.doc，2014-2-5.

表 7　澳大利亚开放、远程和在线学习委员会发布的基准 （ACODE Benchmarks）①

序号	基准	描述
1	机构对远程教学的政策与监管	机构有支持远程教育的战略方向和运行计划。
		技术提升学习的计划跟机构的战略方向和运行计划一致。
		技术提升学习的计划与机构预算一致。
		机构有课程使用技术提升学习的政策、流程和指导方针。
		政策、流程和指导方针被很好地应用在系统运行中。
		机构有相关的机制管理技术。
		清楚陈述用于学习的技术管理的权限和职责。
		机构有明确的政策和管理制度决定使用一项新的技术。
2	机构质量提升计划	有技术整合于课程的质量保证的过程。
		有合适的评估过程，帮助机构做出相关决定。
		机构质量提升有相应的资源支持。
		评估每个关键绩效指标，将评估结果反映在计划中，以持续提升质量。
		结果告知机构的各个层面。
3	信息技术系统、服务和支持	信息系统可产生分析数据来支持机构的决定。
		有明确的过程和职责来支持教学技术系统。
		有相关的职责和流程支持和培训教职工和学生使用技术。
		有足够的资源支持信息技术服务。
		机构提供相关的资源，鼓励试用新媒体和新技术。
		指导教师使用技术开展教学。
		机构有合适的应对教育技术风险的流程和机制。
		告知教师会得到怎样的技术支持。
4	信息和通信技术的教学应用	教育技术的应用符合机构教学战略。
		阐明技术教学应用的目的。
		教育技术的教学应用是基于教育研究和教育指导的。
		有教师同伴互助的社区帮助教师更好地使用技术来提升教育。
		有足够的资源支持教育技术的教学发展。
		教育技术的教学应用是可持续发展的。
		评价教育技术的教学影响。
		教育技术对教学影响的评估结果反映在进一步发展计划中。
		有关于教育技术教学使用的优秀实践案例。

① The Australasian Council on Open，Distance and e-Learning Benchmarks ［EB/OL］. http：//www. acode. edu. au/pluginfile. php/550/mod ＿ resource/content/3/TEL ＿ Benchmarks. pdf，2014-2-5.

续表

序号	基准	描述
5	教师有效利用技术进行教与学的专业发展	员工在教育技术方面的发展是机构教学战略的一部分。
		有相关的机制了解员工发展的需要，以支持机构教育技术战略。
		根据员工工作中的需求培训教师。
		机构之间有关于教师培训和发展的合作。
		有足够的资源支持教师培训。
		教师的培训项目方式灵活，涉及各种技术能力层次。
		教师培训的评估结果支持进一步教师培训项目的计划。
6	学习和教学的技术使用的教师支持	技术和教育的支持与目前机构的学习技术是相适应的。
		有相关的流程来获知教师的支持需求。
		有相关的流程来定期评估提供给教师的支持服务和资源。
		机构之间有对教师提供支持服务的合作。
		教师可获得教育技术的支持。
		教师获得的教育技术的支持是有足够的资源的。
		告知教师有关教育技术的支持。
		分析新技术支持教学的服务。
		有相关的程序获得教育技术的评估数据，促进教师进一步提升。
7	学生有效使用技术的培训	对学生培训的技术方法是合适的。
		有足够的资源支持学生教育技术的培训。
		定期评估学生培训和培训资源。
		负责培训学生的部门之间有合作。
		学生培训项目灵活，并涉及各个层次的技术和技能。
		学生培训应用机构提供的社会媒介和教育技术服务。
		评估数据用于进一步学生培训和发展的计划。
		明确告知学生获得培训的途径。
8	使用教育技术的学生支持	对学生提供的支持是与机构的教育技术服务相符合的。
		有足够的资源支持学生。
		告知学生可获得支持服务的种类和方式。
		资源较易获得，并且监控学生的使用过程。
		有评估学生支持服务和资源的流程。
		有学生支持服务的评估数据，促进学生支持服务的进一步提升。
		学生支持的部门之间有合作。

续表

序号	基准	描述
8	使用教育技术的学生支持	学生支持和学生培训之间是相互适应的。
		有合适的制度确定支持服务是否符合学生的需求。
		根据学生支持需求来分析提升学生支持服务的新技术。

表 8 欧洲质量基金会的在线学习标准（UNIQUe ＿ guidelines ＿ 2011）①

序号	要素		标准
1	学习教学环境	在线学习和战略	在线学习是机构战略的一个部分。
			有在线学习的应用或潜在应用以及技术在教学中的创新应用的战略文档。
			关于在线学习的质量把控要跟传统的学习一样严格。
			机构有机制来确保在线学习的方法、工具和结果是可见的、透明的。
			研究成果要整合于教学和管理实践。
			有相关的机制和程序支持部门之间和不同机构之间的合作。
			机构做决策的时候邀请内部利益相关者加入。
			机构做决策的时候邀请外部利益相关者加入。
			机构关于 ICT 服务的政策要包括出现问题时的应急处理。
		创新	机构基于教学适切性、社会敏感性和成本效益等问题，选择课程传送方法。
			机构有关于课程更新的政策。
			机构有相关政策让教师指导最新的技术发展和在教学中的应用。
			有明确在线课程内容的开发和传送的流程和实践。
			机构建立了知识产权和创新实践的政策。
		社区的开放性	在社区中使用系统的、合适的程序和工具分享知识。
			有对社区和劳动力市场的潜在需求调研。
			有管理机构定期检查机构目标和市场需求的一致性。
			顺理在线学习对机构产生的成果。
			重视技术在教学中的作用。
			不同背景和文化的教师和同学运用 ICT 合作，提升文化理解和知识交换。
			有相应的程序支持学生的学分积累和转换。

---

① European Universities Quality in e-Learning ［EB/OL］. http：//unique. efquel. org/criteria/learninginstitutional-context/commitment-to-innovation/，2014-2-5.

续表

序号	要素		标准
4	学习资源	学习资源	所有基于技术的程序都被测试过。
			机构有学习材料的档案管理政策。
			有数据库支撑整个机构的运行。
			学习资源被编码成元数据，可以随时访问和搜索。
			测量学生对学习资源的使用，作为课程评估一部分。
			对教育技术的发展和研究有详细的财政分配。
		学生	用学校内网运行所有的管理过程。
			所有的信息通过网络传递给学生。
			每一门课程的详细信息告知学生。
			监控学生在线学习中的进步，并反馈给学生。
			对学生学习经历进行评估，评估信息用于在线学习效率的提升。
			有关于学习者的个人支持。
			机构帮助学习者获得 ICT 技能，让他们能够获得在线学习课程。
			所有的学生能够获得支持服务，包括心理、学业等服务。
			学生在学校、宿舍或者家都能够访问图书馆和课程资源。
			与其他同类型课程相比，学费是合理的。
			学生可通过电脑获得所有的材料和服务。
		学校员工	有课程设计和传递的指导说明。
			提供给想开发在线学习资源的员工方法上、组织上和技术上的支持。
			通过各种方式支持员工之间的沟通和交互。
			所有的员工熟知和熟练信息技术。
			所有参与课程设计和教学的员工需要有大学机构内的学术头衔或者职位。
			教职工具有跟传统学校一样的发展和研究资源。
		技术和设施	教师和学生能够使各用一个账号登录各种设备和应用。
			测试学习资源的可用性，并及时解决问题。
			对于没有网络的学生有相应的解决方案。
			课程开发工具包含各种格式，并且能够照顾到课程的复用性、可获得性、操作性和耐久性。
			对个人数据进行加密。
			有课程的生产质量标准。
			有课程的备份。

续表

序号	要素		标准
3	学习过程	供应的质量	为了满足不同学习者的需求，有灵活的课程传送模式。
			市场宣传是可信的、综合的。
			有明确的课程成果、学习内容、学习活动、交互和评价方法的描述。
			有系统和服务支持教师和学生之间的交流。
			在线学习的服务包括从入学到毕业的技术、组织和学习的支持。
			有工具和流程评估学习结果和学习过程，关注利益相关者和毕业生，并把评估数据用于质量持续提升。
			持续努力提升在线学习环境。
			课程学习成果包括知识转换或知识应用的能力。
		学习评估	过程性评价和总结性评价相结合。
			学生可以持续进行自我评价。
			机构有合适的工具和流程开展学生评估，并且确保评估结果的保密性。
			对每个评估环节都有监控，保证评估的公平和透明。
			有合适的方法监控作弊等行为。
			对学生有及时的、建设性的意见反馈。
			有有效和公平的机制防止评价结果的不公平。
			鼓励学生开展同伴评价或者团队工作。
		人力资源发展	员工通过能力评估或者自我评估进行自我分析。
			有员工的培训服务和材料，帮助他们从传统的教学过渡到在线教学。
			ICT 能力的获得是员工专业发展的一部分。
			所有课程开发的员工需要进行同伴学习和同行评估，评审其参与国际会议或者发表的论文。

附录二　中国高等远程教育质量保证标准重要性的调查（初稿）

本问卷由北京师范大学远程教育研究中心开发，旨在调研远程教育各个利益相关者对高等远程教育质量标准重要性的判断，为中国高等远程教育质量保证标准的构建提供依据。

问卷分为两部分，第一部分为个人信息，第二部分为远程教育质量保证标准重要性判断，填写问卷将花费您 8~10 分钟。

为了保证调查的可靠性，本问卷采用匿名形式。您提供的所有信息仅用于本项研究，不做其他用途，我们会为您严格保密，请放心真实地回答。

感谢您的支持！

课题负责人：陈丽

北京师范大学远程教育研究中心

第一部分　个人信息

请您根据自己的实际情况，选择以下信息：

1. 您的性别
A. 男　　B. 女

2. 您的年龄
A. 70 岁以上　B. 51~70 岁　C. 41~50 岁　D. 31~40 岁　E. 21~30 岁
F. 20 岁以下

3. 您的民族
A. 汉族　　B. 少数民族

4. 您所在的机构
A. 试点普通高等学校　B. 开放大学　C. 电大　D. 其他远程教育相关学历机构

5. 你所在的远程教育机构属于哪个省份

6. 您的角色是（您可能承担多种角色，请选择您最主要的角色）

A. 管理层　B. 招生人员　C. 教务人员　D. 主讲教师　E. 辅导教师　F. 教学设计人员　G. 课程资源建设人员　H. 技术支持人员　I. 研究人员　J. 学生　K. 其他，请填写

第二部分　标准重要性判断

标准共有 11 个要素，51 条标准项。请您对每个标准的重要性进行判断，在相应的位置打√。

要素	标　准	非常不重要	不重要	无法判断	重要	非常重要
办学资质	1. 办学理念先进，使命和目标明确，人才培养定位科学合理，体现机构优势和特色，符合远程教育发展趋势和经济社会发展要求。					
	2. 机构通过了有关部门或机构的资格审批。					
	3. 领导团队务实、决策力强，工作人员都达到规定的任职资格要求。					
	4. 建立了员工可持续发展的培训机制，通过提高员工业务素质来不断提升办学服务水平。					
组织管理	5. 内部管理体制完善，组织架构合理，部门之间职责明确，相互配合。					
	6. 机构和助学机构职责明确，对助学机构有完善的管理制度，以确保服务质量。					
	7. 有完善的经费管理制度和内外部审计制度。					
	8. 合作渠道和合作模式多元，能够与地方政府、行业企业、其他办学机构以及专业公司在资源建设、人才培养等方面进行合作。					
师资队伍	9. 建立了数量充足、结构合理、满足需求的师资队伍，确保生师比合理。					
	10. 制定了严格的师资聘任标准和合理的选拔机制。					
	11. 建立了完善的师资考核标准和机制，定期对教师进行评估并建立了奖惩制度。					
	12. 能够为主讲教师、辅导教师和工作人员在工作过程中遇到的困难提供充分、及时的支持。					

续表

要素	标　　准	非常不重要	不重要	无法判断	重要	非常重要
基础设施	13. 具有支撑机构教育服务的网络设施、仪器设备和媒体工具等软硬件条件。					
	14. 有设施、设备、媒体工具的建设规划，能够根据需求不断更新升级。					
	15. 有符合技术标准的完善的教学管理平台和系统，方便师生使用，确保运行稳定、流畅。					
	16. 网络、媒体环境运行可靠稳定，有完善的信息安全措施。					
招生宣传	17. 招生宣传材料真实有效，无虚假模糊信息并符合相关规定。					
	18. 宣传资料由机构统一管理，不能由学习中心擅自印发。					
	19. 资料提供专业、课程、培养目标、学分要求等方面的详细信息。					
	20. 资料提供入学要求、学费、技术与支持服务等方面的明确信息。					
	21. 信息提供方式和途径利于学生和相关人员获取。					
专业建设	22. 专业设置符合社会需求，体现机构优势和特色，并建立了专业评估及动态调整机制。					
	23. 培养方案内容完整，详细说明专业培养目标、人才培养规格、基本学制及修业年限、毕业标准及授予学位、课程设置、教学方式、课程教学大纲等内容。					
	24. 专业培养目标和人才培养规格符合在职成人学生的需求和特点。					
	25. 培养方案中的课程设置及结构关系科学，确保人才培养目标的实现。					
课程设计与开发	26. 课程开发有明确的指导方针、建设机制和流程规范。					
	27. 课程目标明确，学习内容完整，结构合理，学习指导详细。					
	28. 课程中有交互活动设计（如协作学习，基于问题、案例的学习）					
	29. 合理运用丰富的多媒体资源和工具，符合相关技术标准，具有较强的兼容性、开放性。					
	30. 建立了完善的课程审核机制和定期更新机制。					

要素	标　　准	非常不重要	不重要	无法判断	重要	非常重要
学习支持与学生管理	31. 为学生提供学术性支持服务，如答疑、辅导、作业批改等支持服务，及时帮助学生解决学习中的问题。					
	32. 为学生提供有效的学习技能培训，包括学习管理系统使用、自主学习技能、时间管理等，培养学生的自主学习能力。					
	33. 为学生提供媒体、技术支持，及时解决学习中的技术问题。					
	34. 采用合适的技术，通过多样化的渠道，促进师生之间、生生之间的互动。					
	35. 为学生提供管理性支持（如及时、准确的入学注册、学籍管理、信息管理等服务）。					
	36. 建立了灵活开放的学习管理制度，实施各类学习成果的认证、积累和转换，方便学生学习。					
	37. 激励并支持学习有困难的学生，为学生提供资金援助、心理支持、就业咨询等服务。					
	38. 有健全的投诉机制和便捷的投诉渠道，以保证学生的权益。					
学习评价	39. 向学生公开学习评价标准、评价制度，并向学生提供学习评价的咨询和指导。					
	40. 制定了与学习目标相对应的科学、公平的学习评价标准。					
	41. 采用过程性评价和总结性评价相结合的方式评价学生的学习，并将结果及时反馈给学生。					
	42. 建立过程性评价结果的反馈机制，帮助学生及时改进学习。					
	43. 建立学习评价分析、总结报告和反馈制度，为加强教学、管理和服务工作提供依据。					
内部质量保证	44. 建立了机构内部质量管理机构和质量保证机制，对办学质量进行定期评估和及时反馈，并制定奖惩制度确保持续改进。					
	45. 针对各个办学环节编制质量手册，制定并公开了机构内部质量保证标准和指标。					

续表

要素	标　准	非常不重要	不重要	无法判断	重要	非常重要
内部质量保证	46. 定期开展学生、教师、用人单位等利益相关者的满意度调查，吸纳建议并及时改进。					
	47. 定期接受外部评审机构的认证、评估，并根据结果及时改进。					
学术研究	48. 重视对学生、新媒体、质量保证以及远程教育教学规律等的研究。					
	49. 建立激励机制，鼓励教职员工进行研究。					
	50. 对研究所需的基本办公设备、资金、政策等给予支持。					
	51. 有良好的教学、科研互动机制，能及时将研究产生的成果应用到教学实践中，推动机构的可持续发展。					
	52. 员工自发开展研究，机构层面不需要做任何激励措施。					

附录三 中国高等远程教育质量保证标准重要性的调查（正式）

本问卷由北京师范大学远程教育研究中心开发，旨在调研远程教育各个利益相关者对高等远程教育质量标准重要性的判断，为中国高等远程教育质量保证标准的构建提供依据。

问卷分为两部分，第一部分为个人信息，第二部分为远程教育质量保证标准重要性判断，填写问卷将花费您 8～10 分钟。

为了保证调查的可靠性，本问卷采用匿名形式。您提供的所有信息仅用于本项研究，不做其他用途，我们会为您严格保密，请放心真实地回答。

感谢您的支持！

课题负责人：陈丽
北京师范大学远程教育研究中心

第一部分 个人信息

请您根据自己的实际情况，选择以下信息：

1. 您的性别

A. 男　　B. 女

2. 您的年龄

A. 70 岁以上　B. 51～70 岁　C. 41～50 岁　D. 31～40 岁　E. 21～30 岁 F. 20 岁以下

3. 您的民族

A. 汉族　　　B. 少数民族

4. 您所在的机构

A. 试点普通高等学校　B. 开放大学　C. 电大　D. 其他远程教育相关学历机构

5. 你所在的远程教育机构属于哪个省份

_____

6. 您的角色是（您可能承担多种角色，请选择您最主要的角色）

A. 管理层　　B. 招生人员　　C. 教务人员　　D. 主讲教师　　E. 辅导教师　　F. 教学设计人员　　G. 课程资源建设人员　　H. 技术支持人员 I. 研究人员　　J. 学生　　K. 其他，请填写

第二部分　标准重要性判断

标准共有 11 个要素，53 条标准项。请您对每个标准的重要性进行判断，在相应的位置打√。

要素	标　　准	非常不重要	不重要	无法判断	重要	非常重要
办学资质	1. 办学理念先进，使命和目标明确，人才培养定位科学合理，体现机构优势和特色，符合远程教育发展趋势和经济社会发展要求。					
	2. 机构通过了有关部门或机构的资格审批。					
	3. 领导团队务实、决策力强，工作人员都达到规定的任职资格要求。					
	4. 建立了员工可持续发展的培训机制，通过提高员工业务素质来不断提升办学服务水平。					
组织管理	5. 内部管理体制完善，组织架构合理，部门之间职责明确，相互配合。					
	6. 机构和助学机构职责明确，对助学机构有完善的管理制度，以确保服务质量。					
	7. 有完善的经费管理制度和内外部审计制度。					
	8. 合作渠道和合作模式多元，能够与地方政府、行业企业、其他办学机构以及专业公司在资源建设、人才培养等方面进行合作。					
师资队伍	9. 建立了数量充足、结构合理、满足需求的师资队伍，确保生师比合理。					
	10. 制定了严格的师资聘任标准和合理的选拔机制。					
	11. 建立了完善的师资考核标准和机制，定期对教师进行评估并建立了奖惩制度。					

续表

要素	标　　准	非常不重要	不重要	无法判断	重要	非常重要
师资队伍	12. 能够为主讲教师、辅导教师和工作人员在工作过程中遇到的困难提供充分、及时的支持。					
基础设施	13. 具有支撑机构教育服务的网络设施、仪器设备和媒体工具等软硬件条件。					
	14. 有设施、设备、媒体工具的建设规划，能够根据需求不断更新升级。					
	15. 有符合技术标准的完善的教学管理平台和系统，方便师生使用，确保运行稳定、流畅。					
	16. 网络、媒体环境运行可靠稳定。					
	17. 有完善的信息安全措施。					
招生宣传	18. 招生宣传材料真实有效，无虚假模糊信息。					
	19. 宣传资料由机构统一管理，不能由学习中心擅自印发。					
	20. 资料提供专业、课程、培养目标、学分要求等方面的详细信息。					
	21. 资料提供入学要求、学费、技术与支持服务等方面的明确信息。					
	22. 招生工作符合相关法律、政策规定和要求。					
	23. 信息提供方式和途径利于学生和相关人员获取。					
专业建设	24. 专业设置符合社会需求，体现机构优势和特色，并建立了专业评估及动态调整机制。					
	25. 培养方案内容完整，详细说明专业培养目标、人才培养规格、基本学制及修业年限、毕业标准及授予学位、课程设置、教学方式、课程教学大纲等内容。					
	26. 专业培养目标和人才培养规格符合在职成人学生的需求和特点。					
	27. 培养方案中的课程设置及结构关系科学，确保人才培养目标的实现。					
课程设计与开发	28. 课程开发有明确的指导方针、建设机制和流程规范。					
	29. 课程目标明确，学习内容完整，结构合理，学习指导详细。					
	30. 采用多种教学策略，设计丰富的交互活动。					

要素	标　　准	非常不重要	不重要	无法判断	重要	非常重要
课程设计与开发	31. 合理运用丰富的多媒体资源和工具，符合相关技术标准，具有较强的兼容性、开放性。					
	32. 建立了完善的课程审核机制和定期更新机制。					
学习支持与学生管理	33. 为学生提供答疑、辅导、作业批改等支持服务，及时帮助学生解决学习中的问题。					
	34. 为学生提供有效的学习技能培训，包括学习管理系统使用、自主学习技能、时间管理等，培养学生的自主学习能力。					
	35. 为学生提供媒体、技术支持，及时解决学习中的技术问题。					
	36. 采用合适的技术，通过多样化的渠道，促进师生之间、生生之间的互动。					
	37. 为学生提供及时、准确的入学注册、学籍管理、信息管理等服务。					
	38. 建立了灵活开放的学习管理制度，实施各类学习成果的认证、积累和转换，方便学生学习。					
	39. 激励并支持学习有困难的学生，为学生提供资金援助、心理支持、就业咨询等服务。					
	40. 有健全的投诉机制和便捷的投诉渠道，以保证学生的权益。					
学习评价	41. 向学生公开学习评价标准、评价制度，并向学生提供学习评价的咨询和指导。					
	42. 制定了与学习目标相对应的科学、公平的学习评价标准。					
	43. 采用过程性评价和总结性评价相结合的方式评价学生的学习，并将结果及时反馈给学生。					
	44. 建立过程性评价结果的反馈机制，帮助学生及时改进学习。					
	45. 建立学习评价分析、总结报告和反馈制度，为加强教学、管理和服务工作提供依据。					

续表

要素	标　准	非常不重要	不重要	无法判断	重要	非常重要
内部质量保证	46. 建立了机构内部质量管理机构和质量保证机制，对办学质量进行定期评估和及时反馈，并制定奖惩制度确保持续改进。					
	47. 针对各个办学环节编制质量手册，制订并公开了机构内部质量保证标准和指标。					
	48. 定期开展学生、教师、用人单位等利益相关者的满意度调查，吸纳建议并及时改进。					
	49. 定期接受外部评审机构的认证、评估，并根据结果及时改进。					
学术研究	50. 重视对学生、新媒体、质量保证以及远程教育教学规律等的研究。					
	51. 建立激励机制，鼓励教职员工进行研究。					
	52. 对研究所需的基本办公设备、资金、政策等给予支持。					
	53. 有良好的教学、科研互动机制，能及时将研究产生的成果应用到教学实践中，推动机构的可持续发展。					
	54. 员工自发开展研究，机构层面不需要做任何激励措施。					

附录四　不同角色对要素的话语权权重打分

（专家问卷）

远程教育机构有 10 种角色，远程教育质量保证涉及 11 个要素，每种角色对每个要素的话语权（熟悉程度和了解程度）都是不一样的。针对每个要素，请您对每种角色在该要素中的话语权进行排序，1 为最有话语权，依次为 2，3，…，10。

要素 ＼ 角色	管理层	招生人员	教务人员	主讲教师	辅导教师	教学设计人员	课程资源建设人员	技术支持人员	研究人员	学生
办学资质										
组织管理										
师资队伍										
基础设施										
招生宣传										
专业建设										
课程设计与开发										
学习支持与学生管理										
学习评价										
内部质量保证										
学术研究										

图书在版编目(CIP)数据

我国高等远程教育质量保证标准研究/沈欣忆,陈丽,郑勤华著.
—北京：北京师范大学出版社，2017.1
　ISBN 978-7-303-21554-6

　Ⅰ．①我… Ⅱ．①沈… ②陈… ③郑… Ⅲ．①高等教育

—远程教育—教育质量—研究—中国　Ⅳ．①G729.21

　中国版本图书馆 CIP 数据核字(2016)第 278234 号

营　销　中　心　电　话　　010-58805072　58807651
北师大出版社学术著作与大众读物分社　　http://xueda. bnup. com

WOGUO GAODENG YUANCHENG JIAOYU ZHILIANG
BAOZHENG BIAOZHUN YANJIU

出版发行：北京师范大学出版社 www. bnup. com
　　　　　北京市海淀区新街口外大街 19 号
　　　　　邮政编码：100875
印　　刷：北京京师印务有限公司
经　　销：全国新华书店
开　　本：730 mm×980 mm　　1/16
印　　张：12.5
字　　数：200 千字
版　　次：2017 年 1 月第 1 版
印　　次：2017 年 1 月第 1 次印刷
定　　价：48.00 元

策划编辑：陈红艳　　　　责任编辑：陈红艳
美术编辑：王齐云　　　　装帧设计：锋尚设计
责任校对：陈　民　　　　责任印制：马　洁